よくある学級のトラブル解決法

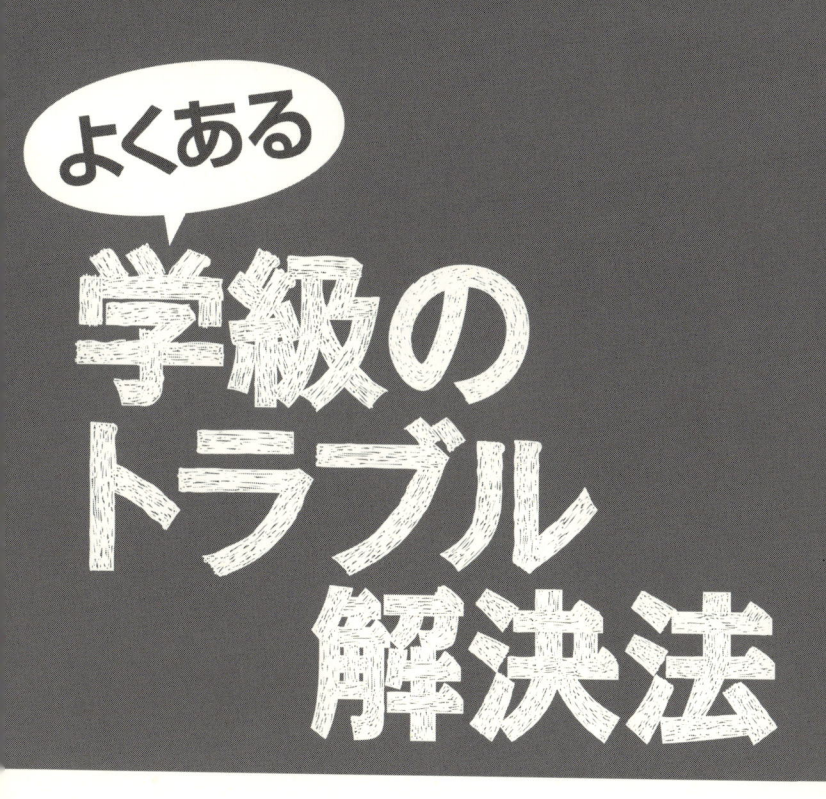

小原茂巳

山路敏英

伴野太一

小川　洋

佐竹重泰

田辺守男

装丁：街屋（平野孝典）

本文イラスト：佐竹重泰

用紙
本文：b-7クリーム四六／Y64.5kg
カバー：コート菊／Y76.5kg
表紙：色上質うぐいす最厚
見返：タントL64 四六／Y100kg

まえがき

「よくある学級のトラブル」といったら，あなたはどんなことを思い浮かべるでしょうか？

例えば，子ども同士のトラブルにかぎっても，ケンカや悪口の言い合い，いじめ，モノ隠し，モノ壊し，仲間はずれ，暴力行為，恐喝，……。また，最近では，ワガママな子に振り回されるとか，「授業中の立ち歩きやおしゃべりが止まらない子が多くて，授業を成立させるのにも苦労する」といったことがあります。そうしたことが複合しておこるトラブルも少なくないのですから，トラブルの種類をあげればすぐに50や100にもなってしまうでしょう。

しかし，この本でとりあげているのは，「いじめ／不登校」「仲間はずれ」「保護者からの苦情」「崩壊学級」にかかわる（小学校または中学校での）４つの事例です。「これでは事例が少なすぎる」でしょうか。

いや，ここに提出した事例をじっくり読んでいただければ，たいていのトラブルについて，解決の糸口がつかめるにちがいないと確信しています。なぜなら，ここに紹介するレポートには，「解決への具体的な手だて」だけでなく，適用範囲の広い「子ども（人間）の見方考え方」が記されているからです。

トラブルによっては，必ずしも「担任」が責任を負えないということもあります。しかし，トラブルがおこれば，とりあえず，主に担任がかかわらざるをえないことは確かでしょう。

そこで担任は,まず,「真相を知りたい」と思い,「何か手を打たなければ」と思うでしょう。しかし,そんな時どのような行動をとったらいいかということは,自明のことではありません。常識的な措置に思えても,じつは「絶対にやってはいけないこと」もあるのです。実際,こじれてしまったケースを見聞すると,その「やってはいけないこと」をいくつもやってしまっていることが多いのです。それはまさに,「子ども(人間)の見方考え方」に関係しているのです。

　この本の根底に流れている考え方は,「子どもたちとの信頼関係を最優先する」ということです。そのために,日常的にもっとも基本的な接触の場である〈授業〉をたのしくすることが必要だと考えています。その上で,〈どっちに転んでもシメタ〉という発想や,〈いじめる側の立場にも立ってみる〉〈最悪の関係を避ける〉といった,今までの教育界の常識とは大きく違った視点を提供しています。

　そういう発想のもとにトラブルの解決を考えていくと,解決した後に,「なんだか成長したな」と,先生も子どもたちも思えるようになるでしょう。その満足感は,「そうか,そういう考え方もあったか!」という新しい発見の積み重ねによるものです。

　なお,この本は,「よくある学級の問題を解決するための具体的手だて」を探る研究会(2010年5月29日,東京・昭島)での発表資料・講演をもとにしています。事例の発表者は小学校,中学校の教師で,教職経験年数もさまざまです。しかし,小原茂巳さんのアドバイスで解決の糸口をつかんでいる点は共通し

ています。そこで，小原さんの分析，アドバイスについては，なるべくくわしくお伝えするようにつとめました。

　とりあげるべきトラブルは，これ以外にもあるはずです。そうした問題については，「誰にでもマネができそうな方法，考え方」をさぐりあてた段階で，発表していきたいと思います。もし，「こういう問題について，ぜひ相談にのってほしい」ということがありましたら，ご連絡ください。

　　2011年6月

　　　　　　　　　　　　　　　　　　編集代表　田辺守男

　この本では，トラブル解決のための最大要素として「日常的な授業のたのしさ」をあげています。しかし，「たのしい授業の内容紹介」はこの本の目的ではないので，そうしたことは各所で文献を紹介するにとどめました。関心のある方は，ぜひそれらの文献をご覧ください。

　とはいえ，特に「仮説実験授業」という言葉がたのしい授業の代表としてたびたび登場します。そこで，仮説実験授業については，目次の後（6ページ）に，ごく簡単に紹介しておくことにします。ご参照ください。

　　　　　　　　　＊本文中の子どもたちの名前はすべて仮名です。

もくじ

● まえがき　1

よくあるトラブル　その1
いじめ・不登校

〈いじめは正義から起こりうる〉という考え方 … 山路敏英　7
●〈いじめ・不登校問題〉に向き合うときの原則と方法の整理

子ども同士のトラブルが原因らしい。が，いじめた子たちと担任ともイイ関係とは思えない。さて，学年主任は〈もつれた糸〉のどこから手をつけるか。

〈イジメられる側〉にも立つ，
　　〈イジメる側〉にも立つ，
　　　　そして，イジメ方も教える ……………… 小原茂巳　25

著者紹介　44

よくあるトラブル　その2
授業についての親からの苦情

深夜に届く苦情のメール ………………… 伴野太一　45

新米担任への，授業内容に関する質問？ いや批判かな？　担任や学校に対して不満があるみたい。こわいなあ。あ〜，どう返事をしたらいいんだろう。

苦情に対してなぜ「ありがとう」なのか ……… 小原茂巳　58

> よくあるトラブル　その3

グループからはずれた子が現れたとき

バスの座席が決まらない！ ………… 小川　洋　69

今までボス的存在だった子が，ある日立場が逆転してクラスで孤立。移動教室直前。でもバスで隣に座ってくれる子がいそうもない。さて，どうする？

トラブル解決のための３つの原則 ………… 小原茂巳　86

> よくあるトラブル　その4

教育困難学級での授業

教師が〈崩壊〉しないために ……………… 佐竹重泰　93

転勤。小６担任。そのクラスの荒れ方は予想をはるかに越えていた。教室の壁がドシン。奇声，高笑い，立ち歩き。前任者たちの選んだ退職休職の道がリアルに見えてくる。こんな状態で何ができるのか。

> よくあるトラブル　「アキラメの教育学」入門

〈どっちに転んでもシメタ〉の発想と選択肢　小原茂巳　141

●悩みや矛盾に出会ったら，そのときこそチャンス！

現場の悩みに対する的確なアドバイス。それは誰にでもマネできるものなのか？　子どもたちと明るい希望が持てる関係とは何か？

●あとがきに代えて　　田辺守男　158

この本にたびたび名前のでてくる

「仮説実験授業」とは

ひとこと紹介

　「仮説実験授業」というのは，「たのしい授業」の基本型といえるものです。

　1963年に板倉聖宣さん*によって提唱された「科学教育（自然の科学／社会の科学）の考え方と方法」で，そこには「学びたくなる／教えたくなる教育内容と授業法／評価法／研究法」が含まれています。科学の基本的な概念や法則を科学者が発見した道筋にそって，それらを具体化した「授業書」というテキストにしたがって授業をすすめます。その結果，〈一切のオシツケなしに感動的に学べる授業〉〈特別な教師でなくてもできる授業〉として，小学校の低学年からベテラン教師にまで，教科にかかわりなく，幅広く支持されています。

　なお，仮説実験授業を行うことによって，しばしばクラスの人間関係にも良い変化が生まれることが報告されています。また，先生自身，「子どもたちに〈授業がとってもたのしい〉と評価される感動」を味わうことによって，多くの場合，「授業以外の教育問題やトラブル」についても〈仮説・実験的に解決していける〉という見通しをもてるようにもなるようです。

　仮説実験授業について詳しくは，月刊『たのしい授業』や，板倉さんの著書『未来の科学教育』『仮説実験授業のABC』『たのしい授業の思想』（いずれも仮説社）などの本をご覧ください。

*板倉聖宣（1930〜）：国立教育政策研究所〔旧国立教育研究所〕名誉所員。1963年の仮説実験授業提唱以来，仮説実験授業研究会代表。1983年，月刊『たのしい授業』創刊，以来編集代表。1995年，私立板倉研究室を設立。

よくあるトラブル　その1

いじめ・不登校

〈いじめは正義から起こりうる〉という考え方
〈いじめ・不登校問題〉に向き合うときの原則と方法の整理

山路敏英

1．20年前の実践を振り返る

　今から20年くらい前に，ボクは「もつれた糸」というレポートを書きました（この後，8～16ページに再録）。

　これは，当時中学2年生の学年主任をしていたときに出会った〈いじめ・不登校問題〉のエピソードを書いたものです。じつは，当時はまだ「解決できてよかった！」という報告を書くのが精一杯でした。そこで今回，このレポートをもう一度読み返して，〈いじめ・不登校問題〉に向き合うときの原則や，解決に有効な方法の選択肢，マネできる考え方，そして「当時はまだ考えが及ばなかったこと」などを整理し直してみることにしました。そうすることによって，〈いじめ・不登校〉に関係する問題に対して，もう少し具体的な見通しがもてるようにな

るのではないかと思ったのです。

「自分の書いたレポートを読み直すのって，はずかしいかもしれない」と思いつつ読んだら……もう，ほとんど内容を忘れていて，他人が書いたもののように「うん，いいこと書いてるじゃん，この人」なんて思いました。わはは　(*^_^;)

（お急ぎの方は，16ページまでとばしてください）

〔参考資料〕

もつれた糸
● 「学校に来ない子」をめぐって

山路敏英

＊初出1990年9月。『たのしい〈生活指導〉』より転載
（編集代表：板倉聖宣，仮説社，1999）

「問題」がやってくる

それは，9月中旬の移動教室が終わってまもなくのことだった。クラスの恵子さんが学校を休み続けているという話が，S先生から出された。休みの理由は「親しかった友達とのトラブルで，その3人の友達とクラスのみんなから無視され，耐えられないから」ということだった。担任のS先生が電話をすると，母親は「ウチの子も悪いところがあるかもしれないけれど，クラス中で無視するなんてひどすぎます。子どもと話しあった結果，転校した方がいいということになったので，明日学校にうかがいます」とのことだった。家庭訪問の申し出も断られてしまった。

教師の立場

若いS先生は困って，学年会で智恵を借りたいと言ってきた。他の先生方からも名案は出ない。当然，学年主任のボクに期待の目が集まる。そこでボクは3つのことを提案した。

1. 「すぐ転校」などとあせって結論をださないように，少し待ってもらうこと。
2. 「一方的なイジメ」ととらえずに両者の「誤解」にもとづくものとしてとらえ，もつれた糸をときほぐすのがボクたち教師の仕事と考えること。
3. 事実関係を3人の女の子から慎重に聞くこと。

これはすぐ了承されて，学年会は終わった。

あくる日，母親から電話があり，「申しわけないが父親が転勤先から帰ってくるので，もう一度話しあってから学校にうかがうことにします」とのことだった。たまたまボクがその電話に出たので，「もうすこし結論をだすのを待ってください」と頼むことができた。

その日，S先生は恵子さんとトラブルがあったはずの3人の女の子たちから事情を聞いた。すると「ぜんぜんそんなことはしていないし，やってもいないことを言われて腹が立つ。直接本人と会って話がしたい」ということだった。

恵子さんが休んでいる理由を聞いて，3人の女の子たちは怒ってしまったのだ。やはり両者に誤解があるのだ。しかし，誤解があるということがわかれば，少なくとも〈どちらが一方的にイジメた〉というとらえ方は，まちがいであることがわかる。そして，〈イジメをしかる〉という方法ではなくて〈誤解をとく〉という方法の方が明るい見通しが持てるようになる。

学校に来なければ

でも〈誤解をとく〉ためには恵子さんに学校に来てもらわなければならない。どういう方法があるだろうか。

ア．担任が家庭訪問して説得する。

イ．ボクが家庭訪問して説得する。

ウ．中立的なクラスメイトに行ってもらって説得。

エ．その他。

あなたならどうしますか？

まず（ア）は，S先生に電話をしてもらったのだが，「まだ子どもの気持ちが整理できていないので」と，あっけなく断られてしまった。（イ）は，はじめからボクが出たとすると，担任としてのS先生の立場がなくなる。

あとは（ウ）のクラスメイトがたより。彼女が学校に来られない理由の第一は〈孤立感（ひとりぼっちで味方がいない）〉。これがボクの予想。すると〈仲間がいるのだ〉と実感してもらうには，子どもたちが行く方が効果的かもしれない。

しかし，他のクラス内の人間関係はボクにはわからない。それに，そういう子がいるかどうかもわからない。もしほんとうに孤立していたとすると，たのまれた子もまきぞえになってしまう。う〜ん，ムズカシイ。

"学年主任"の子どもたち

ボクは，困ったときには子どもに聞く。それでボクは，ボクのクラスのマサミさんのグループに，〈S先生のクラスの人間関係〉について聞いてみようと思った。

ボク「ねえ，ちょっとボク悩みがあるんだけど，相談にのってく

れない？」
ユリさん「ちょうどよかった，アタシたちもセンセに相談があるんですけど」
ボク「おやおや，じゃ，先にその相談を聞こうか」
マサミさん「A組の恵子さんがずっと休んでいるの，センセ知ってますか？」
ボク「うん，ボクもそのことで聞こうと……」
マサミさん「それで，ヤマジセンセに言うのがおくれちゃったんだけど，アタシたち心配で，きのう恵子ちゃんのウチへ行って来たんです」
ボク「ええっ！」（ボクはひっくりかえりそうになる）
ミホさん「いけなかったかしら？」
ボク「いや，そんな。それはありがたい」
マサミさん「恵子ちゃんの話だと，かなりひどいイジメがあったみたいなんだけど，でもアタシも前に同じようなことを経験したことあるから，そんなことでくじけちゃだめじゃないのって，はげましてきたんだけどね。それではじめのうちは〈転校〉って言ってたんだけど，だんだん言わなくなってきて……」
ミホさん「だから，センセ，もうちょっと待って。もう少し黒幕で動いてみるから」
マサミさん「そう言っちゃ悪いけど，センセよりアタシたちの方が恵子ちゃんの気持ちをわかってあげられると思うの」
　ボクはもう彼女たち（実は6人もいた）に"学年主任"になりきってもらうしかないと思った。

来てくれるかな

 数日後,彼女たちは暗い顔をしてボクの前にあらわれた。

ユリさん「恵子ちゃんからこんな手紙もらっちゃったんだけど,センセ,見て」

 内容は〈心配してくれてありがとう。相談にのってくれたり,どうしたらいいか考えてくれたり,それなのに申しわけないんだけど,今から学校に行く自信がないので転校を考えています。転校の前にS先生には会います〉というものだった。

 マサミさんたちは今にも泣き出しそうな顔で立っていた。

ボク「まだあきらめるのは早いよ。少なくともマサミさんたちのおかげで恵子さんは"ひとりぼっちではない"ということがわかったはずだし,たとえ転校のつもりでもS先生のところへは来る気持ちになったのだから。学校へ来てくれればなんとかなる」

 なぐさめでなく,ボクはそう思っていた。

 その後もマサミさんたちは説得を続けてくれた。おかげで数日後には,恵子さんは校門のところまで来て,S先生と話ができるようになった。S先生は最後のチャンスということで,恵子さんと長時間話しあい,翌日には対立関係にある愛子さんとの話しあいができるところまで説得してくれた。

 ボクは少し出しゃばって,この話し合いの進行をまかせてもらうことにした。こういうトラブルはよくあるので,ある方法(仮説)を実験してみることにしたのだ。

 ただし,この実験には条件がある。それは〈両者とも,間に立つボクとはイイ関係にある〉ということだ。さいわいボクは仮説実験授業で彼女たちから高い評価をもらっている。最上のお客様

だ。だから、〈イイ関係〉にはちょっぴり自信があった。

もう一方の子どもたち

一方、愛子さんたちは「恵子さんの言っていることが納得できないから、早く話しあいたい」とイライラしながら毎日をすごしていた。彼女たちは、まわりからとやかく言われ、立場がなくなり、感情的になっていた。「先生や親たちも恵子さんの言うことばかり信じている」というのである。

ボクはたまたま階段で暗い顔の彼女たちに会ったので、ボクの考えと、見通しを言った。「明日、恵子さんが学校に来るので、話しあいの場を持とう。それで間にボクが入ろう。ボクは、どちらが悪いという立場をとらない。誤解がとければいいと考えている。目的は、恵子さんもそして愛子さんたちも両方とも明日から気持ちよく学校に来られるようになることなんだ」

愛子さんたちはボクの話を冷静に受け止めてくれたようだ。

もつれた糸をときほぐす

いよいよ話しあいの当日が来た。心配した恵子さんはついに学校に来てくれた。あとはボクの出番だ。

まず、恵子さんを呼んで話をした。これは説教ではない。彼女の頭の中を整理するためだ。つぎに愛子さんを呼んだ。

はじめにボクはつぎのような宣言をした。

1. この話しあいは、両者とも明日から気持ちよく学校に来てもらうために開いた。
2. ボクは両者の言いたいことと事実をひとつずつ整理し、誤

解があるならそれを解くためにいる。だからどちらの味方にもならない。
3．ここでは〈自分の出会った事実〉が優先し，〈人から伝え聞いた話〉は信用度が低いと考える。
4．自分が誤解していたり「悪かったな」と素直に思えたときは「ゴメンナサイ」を言ってほしい。

　こうして，事実のひとつひとつについて確認し，そのときの自分の真意を言ってもらうと，愛子さんたちは知らないうちに恵子さんをキズつけることを言っていたり，一方，イジメられたという恵子さんも，自分の思いこみや，他人のウワサをそのまま信じていたことがわかってきた。
ボク「このことについてはあなたの方が悪いと思うけど，どうですか？」
○○さん「悪かったと思います」
ボク「じゃ，このことについてゴメンナサイを××さんに言えますか？」
○○さん「はい」
ボク「じゃ，言ってください」
○○さん「ゴメンナサイ」
ボク「××さん，このことについては○○さんをゆるしてくれますか？」
××さん「はい」
　こんなぐあいに，ひとつずつ解決していった。
　ひととおり終わると，つぎに〈これからのこと〉についての話しあいに入った。

ボク「友だち関係には3種類あると思うんだけど, ひとつは〈仲が良い〉, もうひとつは〈仲が悪い〉, そしてもうひとつは〈関係ない〉(世の中のほとんどの人はじつは直接は〈関係ない〉関係で生きている)。それで, 今の話しあいでせめて〈仲が悪い〉ではなくなったと思うんですが, どうですか？」

　〇〇さん「はい」　××さん「はい」

ボク「では〈またもとどおり仲よくなりたい〉と思うか〈もうもとにもどれそうもないから"仲よく"はムリ〉と思うか, どちらですか？」

　これには両者から〈仲よくなれそうもない〉という答えが返ってきた。

ボク「そう, お互いに気持ちが通じあわなくなってしまったのならしょうがないね。そういうのを〈相性が悪い〉って言うんだよね。オトナの世界でもよくあることだよ。じゃあ, これからは, 同じクラスだから事務的なこと, 当番や先生の指示なんかはしかたがないけど, それ以外は"関係ない"でやってください。この学年には170人もいますから, 明日からはまたそれぞれに〈仲の良い友達〉をつくってください。ただし"関係ない"とはいっても, またいつか仲が良くなる可能性も残しておいてね。では, 終わりにしましょう。両者ともボクの指示に従ってくれてありがとう」

　子どもたちはそれぞれに「ありがとうございました」と言って帰っていった。

実験結果

　あれから1カ月, 恵子さんには新しい友達ができ, 元気に学校

に来ている。一方，愛子さんたちにも笑顔がもどった。

先日，恵子さんのお母さんが参観日にボクのところまで来て，「何とお礼をいったらいいか……」と，涙を流していた。ボクは「よかったですね」と言った。

　＊今回のトラブル解決方法は，前年に行われた小原茂巳さんの講演から学び，マネさせてもらったものです。ありがとうございました。　　　　以上，「もつれた糸」再録

「もつれた糸」の流れ（要約）

◇S先生のクラスの恵子さんが，クラスの仲間とのトラブルで，みんなから無視されて耐えられなくなって不登校になり，「転校したい」と言ってきた。↓

◇S先生は自分のクラスで「この件に関係している」と名前のあがった愛子さんたち3人に事情を聞いたところ，恵子さんの言い分と食い違いがあった。↓

◇ボクは学年主任なので，S先生に相談されて考えた。そして，ボクのクラスのマサミさんたち（グループ）に相談してみようと思っていた。一方，マサミさんたちも「休んでいる恵子さん」のことを心配していて，すでに行動していると聞いてその配慮に驚く。↓

◇マサミさんたちが恵子さんを励ましてくれる。

一方，愛子さんたちは「自分たちが悪者にされている」と思い，イライラしていた。↓

◇ボクは両者の間に入って解決に乗り出した。

まず，別々にそれぞれから事情を聞き，内容を整理し，「自分が悪かった部分について謝罪できるか」の確認をした。↓

◇最後に両者を会わせて，話し合いの原則を確認し，「もつれた糸」を解きほぐすように整理・確認・謝罪をしていった。↓

◇恵子さんと愛子さんたちは，以前のような〈仲が良い状態〉には戻れないが，〈仲が悪い〉ではなく，もともとの〈関係のない，フツーの関係〉になることができ，それぞれにまた新しい友達ができた。

2．こういう問題の〈解決の基本条件〉は何か？（8ペの続き）

　「いじめ」にもいろいろな形があります。また、「不登校」にもいろいろな形があります。この二つを同時に考えると、頭の中は整理不能になりそうです。でも、この「もつれた糸」は〈いじめ〉と〈そのいじめが原因の不登校〉という二つの問題が合体した問題です。<u>だから</u>、ものすごーく複雑か？というと、〈いじめが解決すれば同時にほとんど不登校のほうも解決する〉という、「合体した<u>のに</u>単純な問題」だったのです。

＊

　では〈いじめ・不登校問題〉を考えるときに、ボクはどんな原則に立てばよいのでしょうか。

　こんなときの僕の指針は、小原茂巳さんの次のような言葉です。

　〔仮説実験授業をすると〕子どもの笑顔が見られるようになって、じつは、僕自身の〈子どもを見る目〉が変わってきました。

　「あいつ、どうしようもない奴だなー！」と思っていた子が、「おーっ、あいつもイイ所あるじゃないか！」と思えるようになってきたのです。これこそが決定的に重要な変化でした。

　この〈教師が子どもをどう見ているのか〉ということが、〈いじめ〉〈不登校〉に限らず、子どもたちの諸問題を解決する際に大きく効いていたのです。もしも教師が子どもたちのことを、「アイツ、いない方がいいなー」などと思っ

ていたら，どんなに「人間の尊厳」についてお説教しても，子どもたちの心に空しく響くだけです。いや，そんな先生の〈本心〉は子どもたちに伝染してしまうので，問題解決の一番の妨げになってしまうことだってあるでしょう。

　教師が子どもたちのことを「かわいいなー」「いい奴らだなー」と心底思えているときは，たとえ〈いじめ〉が発生しても解決しやすいでしょう。気持ちにゆとりを持って対応できるし，それに，〈自分たちのことを好いてくれている先生の話〉には，ちゃんと耳を傾けてくれますからね。

　自分のことを本当に気にかけてくれる人が一人もいなかったら，そして感激して「ヤッターっ！」と叫びたくなるような時間が持てなかったら，僕だって学校に行きたくなくなります。だからこそ，僕たち教師には（子どもたちにもまして）「たのしい授業」が必要なんです。「たのしい授業」こそが，学校を〈たのしい場所〉〈お互いのスバラシサを発見できる場所〉にすることができるのです。
(小原茂巳「〈いじめ〉〈不登校〉と教師の仕事──「はしがき」にかえて」『たのしい授業』2007年4月臨時増刊号№322〈いじめ〉〈不登校〉と教師の仕事，仮説社，3ペ)

　小原茂巳さんはここで，「〈いじめ・不登校〉問題解決にも〈たのしい授業〉が必要」と言っています。しかし，「〈たのしい授業〉が〈いじめ・不登校〉問題の具体的な解決方法である」という短絡的な論理ではありません。「問題解決の〈土台＝基本条件〉として最低限必要だ」ということなのです。しかし，かつてのボクにはこれがなかなかスッキリ腑に落ちなかったの

です。「だって〈いじめ・不登校〉は〈生活指導〉の問題でしょ。〈たのしい授業〉は〈授業〉の問題でしょ。直接的な関係はないでしょ」と思っていたのです。

　そんなわけで，昔ボクの書いた「もつれた糸」には「〈いじめ・不登校〉問題解決の〈土台＝基本条件〉として〈たのしい授業〉が存在している」ということを，あまり強く意識せずに書いていたものと思われます。〈土台＝基礎〉なので，すでに仮説実験授業をやっていた当時のボクにとっては，〈たのしい授業〉をしている自分という存在は当たり前のように思え，問題が解決してみて初めて，そこに〈たのしい授業〉の存在が全体に関わっていたことに気付くのです。「もつれた糸」の原稿でそのことに触れているのはつぎの部分です。

> 　ただし，この実験には条件がある。それは〈両者とも，間に立つボクとはイイ関係にある〉ということだ。さいわいボクは仮説実験授業で彼女たちから高い評価をもらっている。最上のお客様だ。だから，〈イイ関係〉にはちょっぴり自信があった。（12〜13ペ）

　たったこれだけですが，でもこの〈仮説実験授業によってできた子どもたちとのイイ関係〉という基本条件が成り立っていなかったら，この問題の解決はなかったのです。そのとき，ボクは出しゃばって，恵子さんの担任のS先生に任せませんでした。理由は，教師2年目・初めての学級担任・初めてのトラブルということもあるけれど，残念ながら当時のS先生は〈子どもたちとイイ関係にある〉とは言い難かったからです。もしもS先生がボクの代わりにボクと同じ方法で問題解決しよう

としたとしても，〈うまくいく〉という予想は，ボクには全く立たなかったのです。

3．〈いじめは正義から〉という視点から生まれた解決方法

〈いじめ・不登校〉問題解決のための〈もつれた糸を解きほぐす〉という方法，つまり，〈たのしい授業〉という基本条件のもとで，教師が中立的な立場で間に入って，どちらも悪者にせずに整理するという方法は，じつは当時，小原茂巳さんがボクに教えてくれていたことなのです。そして（たぶん）その方法の元になっているのが，〈いじめは正義から〉という板倉聖宣さんの考え方なのです。

> イジメっ子というのは，教師なり親なりの価値観を反映しているんですが，おとなは一応社会的な常識があるから，シゴクといってもそう徹底的にやらない。そのことは，ある子どもたちからすれば「いいかげんだな」と感じられるわけです。そこで，「教師がちゃんとシゴかないのなら，オレたちがちゃんと教育してやろう」ということになる。だから，その根底には正義感がちゃんとあるんですよ。そう考えないと，クラス中の子どもが一致してある子をイジメルなんていうことは理解できない。個人的なウラミなんかでは，イジメが集団的になることは絶対に考えられないですから。
> 　　板倉聖宣「正義と民主主義の問題としての〈いじめ〉」『社会の法則と民主主義』仮説社，1988，52ペ）

「イジメなんて,イジメる子(人)の心根が悪いからだ」とばかり思っていたボクに,これはとても衝撃的な言葉でした。そうか,自分が正しいと思うからこそ相手に対して強く出てしまうのか。なるほど,それならボクは小さい頃から,たくさんそういうことをしてきた。ボクは超イジメっ子だったんだー。うわぁ,恥ずかしい。

それから,もう一つわかりました。それは〈集団で,ある子をイジメるという現象〉は〈集団が一つの正義で一致団結した〉っていうことなのです。

その後,この板倉聖宣さんの考え方を知った堀江晴美さん(千葉・中学校)は,さらに具体的な学校現場での〈イジメ〉の対処方法を書いてくれています。

イジメられっ子の言い分や,目撃者がいれば,そのときの様子をよく聞くようにする——これはたいがいの人がやっていることでしょう。「いじめは正義から」という視点をもつことで違ってきたのは,〈イジメた側への対処の仕方〉です。それを,堀江さんがまとめてくださったもので見てみましょう。

イジメた側への対処の仕方
①イジメていた子の言い分をよく聞く。
②その子が正義(善意)でやっていたことを理解し,「決して悪い心でやっていたわけではない」ことを認めてやる。
③相手の子はどう受け止めたかを考えてもらう(喜んでいたか,いやがっていたか,ナド)。

④〔場合によっては「場面」を再現……省略〕

①と②がポイント。特に②の視点を持てるかどうかが決定的です。「正義感からのイジメであったこと」を先生に認めてもらえると，彼らはグッと心を開くようになります。ここが違ってきたのです，以前とは。〔中略〕

さて，「正義感から出発した行為であったことは認める」とはいえ，相手に打撃を与えていることは，はっきりとわかってもらわなければなりません。①と②だけでは，イジメ行為そのものまで認めているかのような印象を与えるかもしれません。そうなったら，教師がイジメに加担したことにもなります。「心根が正しかったこと」と，「行為が正しかったかどうか」は別のこと。そこで「相手の身になって考える」という，③に行くわけです。

(堀江晴美「イジメは〈正義〉から」初出2004年12月。『たのしい授業』2007年4月臨時増刊No.322，前出，94～95ぺより)

ボクの「もつれた糸」では，堀江さんほどには，はっきりとした方針はありませんでした。しかし，小原さんから聞いていた「中立の立場で」のおかげで，イジメた側を単純に教師の正義感で責めたりしなかったことが，うまくいったポイントではないかと思っています。

4．〈第3の関係＝関係ない関係〉の発見

今回の〈和解協議〉の最後に，双方に今後のつきあい方を聞きました。その選択肢は……

（1）以前のように仲良しの関係になる，
（2）やっぱり仲が悪い関係のまま，
そしてつぎに
（3）せめて〈関係のない，フツーの関係〉になる，
という第3の選択肢を用意しました。

この選択肢は，それまでボクが提案したことがないものでした。それまでのボクは，人間関係といえば，〈仲が良い〉のと，〈仲が悪い〉の二つだと思っていました。じつは，この〈第3の関係＝関係ない関係〉という選択肢は仮説社の竹内三郎さんから教わったものです。その要点は……

> ヤマジさんと直接関係のある人たちに対しては，〈仲が良い〉と〈仲が悪い〉の関係を言えるけれど，「じゃあ，アメリカの大統領とヤマジさんの関係は？」と聞かれたらどちらでしょう。そりゃあ「どっちでもない」ですよね。こういうのを〈関係のない関係〉ということにしましょう。お互いに市民社会を作っている一員だから，どこかでは繋がっているはずですが，〈仲が良い〉と〈仲が悪い〉の分類には入らない関係のことです。そして，じつは世の中のほとんどの人たちとの関係は，このような〈関係のない関係〉なのだということです。(ヤマジの記憶による)

言われてみればそうですね。でも，ボクにとっては，あらためて言われてみないと気がつかないことでした。たぶん子どもたちも気がついていないことでしょう。そこでボクは，子どもたちの喧嘩も含めた〈和解協議〉では〈第3の関係＝関係ない

関係〉という選択肢も示して，その要点を説明することにしたのです。ただし，子どもたちがよく否定的に使う「関係ない！」は「積極的に無視する」という意味を持っている場合があります。それとは違う定義であることに注意して伝えることにしています。

　この選択肢〈第3の関係＝関係ない関係〉の提案には子どもたちもびっくりします。そして，特に〈いじめられた側〉の子や弱い立場の子に歓迎されています。

会場からの質問　本当によく分析されていて，よくわかりました。大前提が「子どもたちとイイ関係になっている」っていうことが非常に大事だというのは本当にそうだなと思います。でも，その前提は絶対的なんでしょうか。たとえば，「仮説実験授業をいろいろやったんだけれども，この大前提がうまく築けなかった」という先生がいてですね，「いじめの問題に〈もつれた糸〉の手順を踏んで対応しているんだけれども，うまく解決できない」と，そういう相談を受けたら，山路さんはどういうふうに答えますか。

山路　これはむずかしいですね。仮説実験授業がうまくいっていないんですか？　子どもたちが「授業がたのしい」という評価をしていないんですか？

会場から　仮説の授業書をいろいろやっているんだけど，「子どもたちとイイ関係を作れている」とは言えない状況です。その先生は授業で子どもたちの評価は聞いていないと思うんです。

山路　評価を聞いていないのなら,「仮説実験授業がうまくいっていない」という判断もできないですね。授業でとりあえず過半数の子どもたちから「たのしかった」という評価をもらっていたとしても,〈担任として〉子どものいやがることをしていたら,そこはちょっとうまくいかなくなる可能性はあります。子どものいやがることをしないでいたら,せめて〈悪い関係にはならない〉というところにはいけるのかなあと思います。

〈イジメられる側〉にも立つ,〈イジメる側〉にも立つ,そして,イジメ方も教える

小原茂巳

1.「たのしい授業」が必ずしも成立していない場合でも

　「たのしい授業」が成立していれば,「子どもたちとイイ関係ができやすい」ということは言えると思います。「授業でたのしい思いをしてもらっていれば問題がおきない」ということはないんですけど,〈いじめ〉や〈不登校〉が問題になったとしても,解決のためのヒントが子どもたちから得られるということがしばしばあります。イイ関係の中ではすごく解決しやすいんです。だから,たのしい授業ができている人には,そのことを気付かせてあげる,お知らせする価値があると思います。

「あー，こういう解決の仕方があったんだなあ」ということがあるわけです。

そして今度は，「まだたのしい授業が必ずしも成立していない」という場合ですけど，たとえば，山路さんがマサミさんに相談したところがあります（10〜11ペ）。山路さんは「こういう子に相談するんだ」なんてサラッと言ったけど，これはたのしい授業が成立していないとなかなかやれないことだよね。よほどいい関係ができてないときは，ちょっと物騒なことにもなりかねない。だから，そこはマネできないところです。ただ，「もつれた糸を一つひとつときほぐす手順」は役立つ話だと思うんです。そういうことは，「たのしい授業が成立しているかどうか」とは関係なく，誰でも，どうしても忘れてはいけないことじゃないかな。

2. いじめる側にも〈もっともな言い分〉がある！

〈ときほぐす手順〉ということで思い出すことがあります。十年以上も前のことですが，石塚進さんのクラス（中学）の女の子の集団が，一人の女の子・K子をいじめて，このK子が集団からはじかれた，という事件がありました。それで，担任の石塚さんは「これはまずいな」と思って，K子の側に立って「いじめはいけないよね」とか，いろいろがんばったそうです。「そうしたら，最終的に〈いじめる側〉からも〈いじめられる側〉からも，どちらからも石塚さんが嫌われちゃった」というのです。

石塚さんは「俺はがんばったのに，何でみんなに嫌われるん

だろう」って，そういう報告を正直にしてくれました。

こういうことはよくあるんです。なぜそんなことになるのか。

それは，いじめる側にもその子たちなりの主張があるということです。「なぜ私たちはこのK子さんに○○をしたか」という，ちゃんとした主張がね。こういうことは，板倉聖宣さんが当時から言っていたことです。「いじめは正義感から」という話，「戦争やいじめは正義感からうまれるんだよ」という話があって，ぼくにはとても印象深い話でした。

だいたい〈いじめ問題〉の対応パターンとしては，「なんでいじめるんだあー！」って，〈いじめる側〉ばっかり叱る。すると，〈いじめる側〉は「先生は，私たちの気持ち，さっぱりわかってくれない」っていうことになるんです。

何がわかってくれていないかというと，「アイツ，約束したのに，約束を破った」。それから「アイツ，だらしない。汚い。だから直したい」。それからよくあるのが「アイツ，うそをつく。だからこらしめる」っていうんです。こういうことをよく言います。

これは「ああそうか，うそをつかれたのか。約束破られたのか。それは頭にくるよね」って，先生はとりあえず，そこは認めてあげないといけないね。彼らなりの正義感にもとづくことなんだから。「そうか，それはムカツクよね。アイツだらしないよね」とか。「みんなに迷惑をかけたんだからよくないよね」とか。そこは認めてあげないと，なかなか次に進めないんですよ。認めてあげて「そうだよね」と。「でもね」って言うのは，その次なんですよ。

3. お互いのまずかった点を出して先に進める

　約束を破るとか，うそをつくとかは，悪いといえば悪いんだけど，じっさいには「それは仕方がないよなあ」ということだってあるんですよ。相手が怖いからうそをついたり，その場から逃れるために約束したり，ということがね。また，一人ぼっちになるのも怖いですから，たとえば「ゲーム持ってるか？貸してくれるか？」って言われれば「うん，持ってる。貸してあげる」って言いたくなる。仲間でいたいから，それでつい，約束しちゃったりする。でも，いざ貸すとなると，お父さんやお母さんの顔を思い浮かべてしまって，そう簡単にはゲームを渡せなくなる。そういうのも，「うそをついた」「約束を破った」ということになったりするんだよね。

　しかしね，最初から「アイツが約束を守れなかったのは，おまえが怖いからなんだぞ」とかね，〈いじめる側〉のそこをつっついちゃまずいんですよ。〈いじめる側〉は，とにかく「アイツ約束破ったよなあ」っていうところがものすごく頭にあるから，その点が認められないとますます正義感が強くなる。「悪いのはアイツだけじゃない。先生も，俺たちのこと何もわかってくれなかった」ってさらにムカツク。カッカする。そうなったら，「心をひらく」なんてことは絶対にむりですよ。

　だから，まず〈いじめる側〉の主張というか正義感みたいなものをとりあえず聞いてあげる必要がある。そして，「それはわかった」と。

　だから，「もつれた糸」っていうのは，いじめられた側の言い分をバンバン言わせて，いじめた側の言い分もバンバン言わ

せて，どちらにも「そうか，それはつらいねえ」とうなずいてあげなくちゃー！　まずは〈いじめた側〉の言い分もしっかり聞いてあげようということです。

　「そうかそうか，A男にうそつかれたのか，頭にくるねー！」と，とりあえずそこは認めてあげて，まずはA男に「じゃ，うそをついたのはまずいから，その点は謝るしかないね」と言う。その次に，続けてA男に「だけど，何で約束破ったの？　何か事情があるんでしょ？」と聞いてあげる。「うん，だって，僕こうだったんだもん」。そこで次は〈いじめた側〉に「実はそうだったらしいよ。それで約束破っちゃったらしいよ。だから，そこは怖かったんだね。だから暴力はまずかったね」って，一つひとつ消してくというのが「もつれた糸」を解きほぐすやり方なんです。

　さっきの質問に戻りますが，こういうことは必ずしも「たのしい授業」がやれていなくても，できる方法です。もちろん先生と子どもの関係が全く破綻していたらだめですよ。この仲裁に立つこと自体が無理だから。もし，そこまでいってなかったら，いじめる側の正義感を認めてあげ，いじめられる側のだらしなさもあったりするから，そこを一つひとつ解いて，「人間，みんな欠点はあるよね。お互い様だよね」ということで，「お互いにまずかったところはあるけど，まあ，先に進もうじゃないの」というわけです。

　ここで，〈先に進む〉というのは，よく「はい，握手しなさい」とか言うことがあるけど，ここで山路さんが言う〈関係のない関係〉が重要です。「じゃあ，握手しようね」なんて，急

に親しくさせちゃまずいんだよね。そんな気持ちがないのに「じゃ，肩組んで帰れ」(笑)なんて，そんなの気持ち悪いよね。「あとはせめて〈ちょっかい出さない関係〉というか，ふつうの関係というか，そういう感じでいこうね」というのがいいと思うんです。

4．〈八方美人〉的生活指導 ── たとえば音楽会の場合

田辺　僕は以前，小原さんから「八方美人的に生活指導をやるといいよ」と言われたんです。〈八方美人〉ってあまりいい意味には使わないので，かえってよく覚えているのですが，それは「まずお互いの主張を聞く」ということなんでしょうか。

〈どちらにも，それなりにもっともな言い分がある〉ということがわかっちゃうと，〈八方美人的〉になっちゃうんだよね。そりゃ，当事者が「相手にはもっともな言い分がある」なんて思ってないのはしょうがないよ，最初はね。でも，最低限，僕はわかってないと，ほんとに「話になんない」でしょ。〈八方美人的〉というのは，だいたい失敗することになってるみたいですよね。だけど，最初から「明らかに一方が悪い」と決めちゃうと，それは〈八方ふさがり〉になりやすいんじゃないかな。

そういうことは〈いじめ問題〉だけじゃなくて，たとえば音楽会（合唱祭など）のときなんかでもありますよ。リーダーは張り切っていい合唱を作りたいわけですよ。一方で，歌が苦手な子は，あまり夢中になりにくいんだよね。それはそうですよ，みんなが歌が得意なわけじゃないんだから。運動会だって，得意な子がいるのと同じように，苦手な子がいるものね。そして，

そのどちらからも必ず苦情が来ます。リーダーからは「先生，あの子たち，さっぱり歌ってくれなくて，ふざけてる」とね。でも，歌が苦手な子たちからすると「うるさいんだよアイツらは！　また今日も〈放課後残ってやろう〉とか言いやがって」とか「オレは部活行きてえのに，またよ」とか。

　こういうとき，僕がこっち（リーダー）側にいるときは，「何，どうした？」「そうかー，アイツら歌ってくれねえのかー」「僕は合唱指導が苦手だけど，とにかくキミらががんばってくれているので，僕，とっても助かる。ありがとうね。で，アイツら（歌わない側）にはオレがしっかり言っておくね。まあ，とりあえず，がんばってよ！」ってね。僕はこっち（リーダー）の味方になる。

　それで，今度は，こっち（歌わない側）に行ったら，「どうした？」って，まず彼らのグチを聞く。「だってオレなりに声出しているのに，アイツら〈もっと大きい声出して！〉ってうるさく言うんだもん」って言ったら，「そうだよ，音楽会っていうけど，無茶だよね。そんな，全員がでかい口，開けられるか？　あーとか，口に割り箸入れたりして（笑），恥ずかしいよ。無茶だよ！」って。

　こういうグチは僕もよくわかるんだよねー。僕も歌うの苦手だもの。だから，まずは一緒に「そうだよね！」って相づちを打ち合う。それで，続けて，「だけど，まあ，お前らエライよ。それでも適当に，ある程度付き合ってくれて！」「まあ，オレも担任だし，オレも合唱，嫌いだけど，とりあえずはオレのクラスの合唱を成功させたいんだよねー！　そのためにはきみた

ちの力も必要なわけで……」などとお願いする。これは，特にこっち（歌わない側）の親分・ガキ大将に言うといいね。

　これはもう，両者にいいように言うので，〈八方美人的〉だよ（笑）。それぞれの言いたい気持ちをわかってあげて，全体を先に進める。それが本来，担任とか組織者のやることなんだよねー。だって，組織者っていうのは，いろんな人がいる集団において，そのいろんな意見を受けながら一歩先へ進めるっていう存在だからね。

5．子どもは〈いじめ方〉をオトナから学ぶ

　あと，山路さんの話を聞いていてなるほどなあと思ったのは，〈いじめの問題〉なんかで，決定的に重要だと思ったのは，担任の先生が，「この子たちをかわいいと思えているかどうか」だと思うんです。クラスの子どもたちがかわいいと思えてないときは，自分（教師）がピンチだと思った方がいい。あぶないのは子どもじゃなくてね。先生がこの子たちをかわいいと思えているか……かわいいと思えているところまでいかなくても，いやがっていないか。それはすごく〈いじめの問題〉の〈いじめ方〉に反映するんですよ。

　それは，家族の問題で言うと，子どもが親にすごくキツく当たるときがあるんです。「お父さんは，さっぱり〇〇しない！」って，すごーくキツイこと言うことがあるでしょ。これ，ふと気づいたんですよ，これ，母親が言ってることと同じだって。母親の思いを代わりに子どもが言うんだね。子どもが，〈父親のいじめ方〉を母親から学んでいるね（爆笑）。母親が，〈ここ

はお父さんの弱いところだ〉っていうところをつっついてくるんですよ。それを学んだ子どもがつついてくるときは，母親よりもキツイときがある。

　僕がそうだったなー。父親にキックあたる時期があった。あれは母親の思いを代弁してやってましたねー。それと似ていて，〈いじめ方〉とか，〈人の見方〉っていうのを，子どもはオトナから学ぶんだよね。暴力的な子は，不幸にも親から暴力を受けて育っていることが多いもんね。だからクラスの問題でも，往々にして，担任の〈子どもの見方〉が反映することがあるんです。そこで，先生は，〈うまいいじめ方〉を教えてあげればいいんだよねー。たとえば，漫才でいえば，ボケとツッコミ。あのツッコミっていうのは，別にボケをいじめているわけじゃないよね。パーンってたたいたりするけど……なんか一種の親しみというか，愛情というか，かわいがる気持ちというかが伝わるでしょ。

会場からの質問　〈先生がいじめ方を教える〉っていうのをもう少し聞きたいんですけど。

　〈いじめ方を教える〉って，ぶっそうな話ですよねー（笑）。僕は〈いじめ方〉と同じように〈ひいきのし方〉も教えているような気がしています（笑）。

　たとえば仮説実験授業は，〈理由〉の発表のときだけはこっちから指名できるんだよね，「なんとなくでもいいから」って言って。そのときに僕はときどきある子を〈ひいき〉しているときがある。「あの子，ふだんさっぱり活躍していないし，自

信もないし，だけどあの子，今，正解の所に予想してる！」というときに，僕が指名することがある。すると，「なんとなく」なんて言うかもしれない。でも，「なんとなく」でも，アイツは正解でしかも少数派で「ア」の予想に手を挙げたという存在であることをみんなに知らせられるじゃない。「おお，ちょっとハマオくん，どうしてアなの？　どうして」って聞くと，「なんとなく」かもしれないけど，何か答えるじゃない。そうやっていく中で，実験するとアが正解なわけ。そういうとき「おお，やるじゃん！」て，感動してあげられる。

6．子どものズレをおもしろがる

　ところで，教室では，しばしば〈変わった子〉がいじめられる対象になる。「空気が読めない」というか，ズレたことを言う子ね。なんかみんなでアザ笑う雰囲気ができてしまう。こういうとき，先生は，笑う子たちを叱るんじゃなくて，その子をおもしろがるといいんだよね。

　たとえば，ちょっとズレたことを言った子には，「はいはい，やめなさい」とか，冷たく「それは違います」っていうよりは，「おお，お前，なかなかズレているね。だけど，おもしろいねえ，かわいいねえ！」って，おもしろがる。「オレと教室のみんなは，こいつがズレてることは認めているけど，そんなコイツのことは好きだなあ」と思う。

　人ってみんなズレてるわけで，そこをおもしろがる。「人はみんな違うんだよ，違うのはおもしろいんだよ」って，先生が出せるといいね。「すごく遅い子もいるし，早い子もいるし，

ななめの子もいるし、いろいろいるけど、まあ、それは、しょうがねえぞ」みたいな感じを先生が出せるといいね。「多様であることは大事だ」って言いながら、その先生が〈多様じゃないものの見方・考え方〉をしていたら、子どもたちはちゃんとそういうことを学んじゃうでしょ。

　その点、僕は仮説実験授業を続ける中で、「いろんな子どもたちがいると授業はさらにたのしくなる」ということを実感することができたので、少しは〈多様性〉を認めることができるようになりました。〈いじめ〉にしろ何にしろ、親とか先生のものの見方・考え方、姿勢みたいなものを子どもは学んでいるんじゃないかっていう気がします。だって、子どもはまだ子どもなんだもん。方法もわからなければ、何もわからなくて……。なんか、そんなことを思いました。

7．先生が〈いじめる側代表〉になって不満を伝える

会場から　もうひとつ質問があるんですけど。小原さんが前に講演で、クラスの子みんなが、ある子に不満を言いたいときに、「おい、おい、みんなちょっと待て！　まずはオレに言わせてくれ！」と言って、「オレがいじめちゃう！」ということを言ったことがありました。子どもたちみんなが言いたいときに、先生が弁護するんじゃなくて、代表して「オレが言ってやるよ」ということなんですかね。

　クラスのみんなが、ある子どもに対して批判的な気持ちを抱いている。そんなとき、そこの先生がまるで気が付いてない・知らないって感じでいると、それぞれの子が批判的なことばや

行動をとるようになって、大変です。そして、どっちからしても「先生、何にもわかってくれない」ってことになるじゃないですか。だから、まずはみんながブーブー言うのをオレが押さえて、オレが代表して、そいつのことをいじめちゃう。「やっぱり、ここはいけないよね！」なんて言ってね。すると教室のみんなは「小原先生はよくぞ言ってくれた！」って感じになる。

　それで、次に僕はすぐ、そいつに向かって「でも、オレ、お前は嫌いじゃないよ！」みたいにかわいがる。「でも、お前、やっぱり変だよ！」って言って、みんなで笑いあう。そいつもいっしょに笑えるようにね。

会場から　みんなで言いそうになったら……。

　あのね、みんな口々に言いそうになったときには「小原家の法則」っていうのがあるんです。（えっ？）うちは、兄弟が５人だったんですよ。そして、父親と母親がいて、たとえば、まんじゅうを買ってくる。それをみんなで１個ずつ食べるはずなのに、オレなんかいっぺんに２個わぁっと食っちゃったりするじゃない。そうすると、「シゲミはずる〜い、２個食っちゃったー！」って、みんなが言うんだよ。みんなが「だめ、だめ、だめ」って。４人に言われたらキツイよね。ところが、「一人が言ったらやめようね」みたいなことをお袋のかのさんが言ったことがあるの。話がずれてるかもしれないけど（笑）。

　「だれだれがこうしたー！」って２〜３人が言ったら、「あとは言うな」って、それを今やオレが言う。マズイ点はパッと指摘して、「その問題はわかったから、もう言うな！」「みんな

で言うのはやめよう！」ってね。だけど，みんなに迷惑かけた奴をかばっちゃだめだよ。迷惑かけたことは確かなんだから。だから，とりあえずは，一人は言っていいわけよ，「アイツはこうだ」って。さらにわあーっとなりそうだったら，「はい，ストップ。あとはオレが言うから！」「後はイジメの専門家に任せておけ」と。

8.「八方美人的」でも〈方向目標〉で進歩を確認

会場から　さっきの音楽会のリーダーの問題で，あっちでいいことを言って，こっちでもいいことを言って，それがバレたときにまずくないですか。

　そういうときにまずくなるのは，あっちで言っていることと，こっちで言っていることが，はっきりと矛盾しているときね。
　そうじゃなくて，リーダーはリーダーとしての願いがあるじゃないですか。そのリーダーの〈方向目標〉はわかってあげたい。〈みんなに歌ってほしいから私たちはがんばっている〉ということを，教師として認めてあげたいんです。リーダーの立場での問題をわかってあげたい。一方で，あっちは「歌うの苦手，ツライ！」っていう子たちでしょ。その子たちには「歌わなくていい」っていうんじゃなくて，「お前らなりにやってよ」っていうこと。リーダー側は目標を10くらいに置いているけれど，歌えない側に対しては「お前らなりに，まあ目標6でもいいから」って，ちょっと下げた目標を言ってあげたいわけです。だけど，それも向こうにうわさ的にバレると，確かにやばいよ

ね（笑）。でも、「みんなで、それぞれ、その人なりに歌おうぜ！」という〈方向目標〉は共通なんです。

　まあ、リーダー側にしてみたら「私たちは10を目標にしていたけど、歌えない子たちは、はじめ3くらいにいた。それが、まあ、小原先生は6くらいには上げてくれたよね」っていう感じ。それでも少しは進歩が見えるじゃないですか。バレたとしても、そこで許してもらえるんじゃないかな。「キミらの要求ほどにはできなかったけど、一週間前と比べると、だいぶいいんじゃないか」ってことで許してもらう。そうすれば、少しは担任のこと、わかってくれそうじゃないですか。

9.〈すぐに同室で〉がいいか、〈先に別室で〉がいいか

会場から　「もつれた糸」の話で、山路さんは「中立の立場で味方しない」。小原さんは「一つひとつ認めてあげる」。ちょっと違う感じがするんですけど。たとえば、女の子たちの主張を小原さんは認めてあげるでしょ。でも、その瞬間では、対立している恵子はおもしろくないでしょ。「あたしのことより向こうの言い分を認めている」って。そのとき、言い返すんですか？

田辺　そのとき、女の子たちと恵子をすぐに同時に会わせて解決しようとすると、そういう問題が起きてしまうんです。だから、山路さんが言ってた基本は、初めはまったく別室で、対立者がいないところでやらないと、そういうことが起きてしまうことがあるんです。

会場から　言い分を認めてあげるのは別室なんですか。

　いやそれは，どっちもパターンがあるよね。別室がいいパターンと，同室でやっちゃってもいいときと，両方あって。まあ，心配なら別室でやるのが一つの解決方法です。

　そのとき，いじめた側が「だって，恵子，約束破ったんだもん！」て言うでしょ。そうしたら，まず先生が「なるほど，わかった」って言ってあげて，それで，恵子に先生が「約束破ったの？」て聞くでしょ。すると「はい」って言うでしょ。でも，恵子は，まだここではちょっと不満でしょ。でも，約束を破ったのはまずいじゃない。

　でも，そのつぎ，すぐ続けるんです。「約束破ったって言うけど，何かそうしちゃった理由があるでしょう？」「なんかあったんでしょ？」って聞くと，たとえば「約束したのは，本当は，怖かったから」とか。「そうか，それはつらかったね。それで，つい言っちゃったのか」と。そこでいじめた側に「それはわかるし，ちょっとそういう事情があったらしいよ。そこはわかってくれるか」と言う。そういう糸のほぐしかたです。

会場から　一個ずつですか？

　一個ずつです。両者がいても，時間差はある。これをやった理由を聞く。すると，たとえば恵子が「約束を断れなかった」って言う。それを聞いた女の子たちは「怖いなら，言えよ」とか言ってくる。そこで僕は「そうだよね，怖かったら怖いって言った方がいいよね」と女の子の側に立つ。でもすぐに「だけど，怖いって，なかなか言えないよね！」と恵子の側に立つ。

つまり僕が間に入って相手の気持ちをわかりあえるように司会をしてるようなものだね。

田辺　いじめた側が複数いて，いじめられた側が一人しかいない場合には，圧力団体が強すぎるから，そういう場合の基本は「分けて別室」にしないと，恵子さんみたいな場合は本音が言えないと思う。

　それは言えるね。さすが田辺さん！（笑）

山路　僕はたいてい，最初に分けて事情を聴きながら，中立的な自分の頭の中では，この件はこちらの子に謝ってもらおうとか，話をすればわかってもらえるだろうとか，整理しておきます。子どもたちの言う問題なんて細かいもので，十も二十もあるわけです。

　たとえば「視線をはずした」なんて，それくらいのことまでワァーっと出してくるから，そのうちの大きい焦点になる問題だけに絞って解決してあげる。それを解決しちゃうと，細かい問題も解決します。それを最初からいっぺんに会わせると，こちらのシナリオができてないから，とっさの判断では，なかなかうまくやれません。だから，すぐパッと会わせるのは，あまりやらない方がいいかなと思います。まず最初に個別に聞いて，たくさんある問題のうち大きい問題を三つ四つ選んでやる。そして一つずつ「このことだけについては，あなたは謝れるか？」というような切り方をしていく。で，その同じことを反対側で聞いた時に「こうなんだよ」といわ

れたときに,「あ,そのことについては,向こうは謝る用意があるみたいだよ」っていう言い方をしてあげる。

田辺　だから,時間がかかりますね。

会場から　最後に両者を会わせるんですね。

田辺　そう,そう。

10，先生の気持ちをわかってもらうチャンス

　これですべてが解決するっていうことでは,まずないんですよ。ここでひとまず収まったって,日常生活ではもっとどんよりしたものがあれば「万事解決」にはならないんだけれど,とりあえず「〈この事件〉に関しては解決することがあり得る」ということです。

　ただ,「もつれている」ということも意識せずに〈指導〉に入っちゃうと,両方から「この先生,わかってくれない」っていうことはある。いじめられた側の子は「もう,いじめられたことをあの先生に言うのはやめよう」とか,いじめた側は「あいつ(先生)はもう無視しよう」とか。あるいは「はい,はい,はい,わかってます,反省文書きます」みたいなことになって,それで「陰でまたやろうぜ」みたいなことになることはあるんです。

　でも,もつれた事件というのは,〈先生の気持ちをわかってもらうチャンス〉にもなるんですよ。「お前らの気持ちはわかるよ」っていうことをわかってもらい,こっちにも「あなたの気持ちはわかろうと努力してるよ,先生は」ということをわか

ってもらう。万事が解決しなくたって,そういうことは示せるんですよ。

「先生は,ふだんボォーっとしているようだけど,学活も早いし,なんかいいかげんなようだけど,実際,事件が起こると,なんかこう,こっちによりそってくれるし,ああこの先生,意外と熱いじゃん」なんて,実際は熱くなくても思ってもらえるチャンスなんですよ(笑)。

記録者の後記(山路敏英)

小原さんの話は本当に具体的で,今,目の前で中学生に話すような語り方で場面が想像できます。しかも,知ってしまえばマネできそうなことばかりです。それでいて小原さんの姿勢・考え方には一貫したものを感じます。その〈一貫したもの〉とは,〈いじめられる側に立って考えるが,いじめる側にも立って考える〉。それから〈クラスのリーダーの立場で考えるが,高い目標についていけない子の立場でも考える〉という,それぞれの子どもたちの気持ちにそって考えて行動する姿勢です。

以前,板倉聖宣先生が講演で,当時のボクにはむずかしくて理解できなかった「ヒューマニズム」について,〈ヒューマニズムとは,相手に則してすること〉と定義していました。とてもわかりやすい定義で「そういうことか」と納得しました。小原さんの姿勢と考え方は,この定義の「相手に則して」を「その子に則して」に言い換えたものだと言えるでしょう。ボクはまだまだ小原さんから学ぶことがあるなあと思いました。

ところで,今回の問題解決例は不登校の子が平和に登校でき

るようになったことで，めでたしめでたしのお話でした。しかし，不登校の問題については「学校に来ればよい」というほど単純ではないようです。そこで，もう少し根源的に考えてみることにします。

不登校問題は，一般には「子どもが学校に適応できないでいる（できなくなった）問題」として考えられてきました。その背後には〈学校（教育）は国家・社会のために優秀な人びとを育てるためのもの〉という考え方があります。

しかし，学校は〈教育を受ける子どもたちのためのもの〉ではありませんか。そうすると「子どもが学校に適応できないでいる」のと逆の発想が生まれてきます。つまり，「今の学校が子どもたちに適応しなくなってしまったのかもしれない」とか，「子どもたちが今の学校を歓迎していないかもしれない」とか，「学校に行かないで幸せになる人生もあるかもしれない」といった視点です。

そんなことを考えると，教師であるボクは，「せめて，学校は〈子どもたちに歓迎される場所〉であってほしい」と思います。しかし，現実の学校はまだまだ，そのように言い切れる場所にはなっていないようです。だから，ボクにできることは，個々の問題にはできるだけいい解決方法を見つけ出す作業をするとしても，他方では，せめて1時間でも2時間でも（せめて僕が担当している時間だけは）〈子どもたちに「楽しい」と言ってもらえる授業〉をしたいと思っているのです。　　(2011/02/23)

著者紹介（いずれも，仮説実験授業研究会会員）

小原茂巳（おばら しげみ） 1950年，宮城県生まれ。東京で中学校の理科教員になり，すぐに仮説実験授業を知って大感激。科学の授業をリアルにつたえる「授業かわら版」の開発によって「授業記録」のイメージを一新。中学校勤務のかたわら明星大学で教職志望の学生たちとも「たのしい科学の授業」を実践。2010年から同大学准教授。著書に『授業を楽しむ子どもたち』『たのしい教師入門』『未来の先生たちへ』仮説社，他。

山路敏英（やまじ としひで） 1948年，東京都生まれ。税理士事務所のあととりのはずが性分にあわず教員志望に。1976年から東京都内の中学校で理科教員。1979年小原氏などと「軟弱派サークル」を結成。「クライ，のろま」を逆手に幅広い研究を展開。「なまけもの研究室」と称して簡単実験装置の開発改良につとめ『簡易実験器具研究』に集積。その他，『これがフツーの授業かな』仮説社。『たのしい授業』には論文多数。

伴野太一（ばんの たいち） 1982年，東京生まれ。明星大学在学中に聞いた小原茂巳さんの講義で「先生っておもしろそう！」と思い，「先生嫌い」から一転，小学校の教員に。初任の学校で小川洋さんの指導を受けた幸運については本文にふれられている。『たのしい授業』に執筆多数。

小川 洋（おがわ ひろし） 1952年，新潟県生まれ。約30年間，東京の小学校で仮説実験授業を続ける。月刊『たのしい授業』（仮説社）に実践記録を多数掲載。著書『ちいさくてもわたし：ぼくの1年生日記』ほのほの出版，『教室の定番メニュー』『クイズ100人に聞きました』（私家版）

佐竹重泰（さたけ しげと） 1964年，大阪府生まれ。神奈川での講師1年を経て東京へ。長く小学校教師をつとめつつ2008年から明星大学で「初等理科教育法」（非常勤講師）を兼務。著書に，『「たのしい科学の授業」ABC』『たのしい授業はじめの一歩』（小原茂巳共著，すみれ書房），他。

田辺守男（たなべ もりお） 1955年，埼玉県生まれ。中学校で理科を教えるかたわら各種研究会を企画し，「ふつうの教師がマネできる，たのしい授業・行事・ものづくり」などの紹介につとめ，「教師の悩み相談」にものっている。最近は「教師・新入門研究会」（160ペ参照）も発足。

よくあるトラブル その2

授業についての 親からの苦情

深夜に届く苦情のメール

伴野太一

1. 人生最長のメール

　夏休みまであと1週間。今学期も特に大きな事件もなく，2年生の子どもたちとたのしく過ごせて，あとは「待ち焦がれていた」とまでは言わないけれど夏休みが……と，やっぱり浮かれていました。そんな日の夜12時，枕元の携帯がブルブル震えました。

　ようやく寝付いた頃なのに，さっきメールをしていた友人からメールが返ってきたのかな？　少し怒りを覚えながら半目を開けてそのメールを開きました。ところがそれは友人からではなく，しほちゃん（仮名）のお母さんからでした。

　しほちゃんが1年生の頃（去年），お母さんからいろんなことで急な相談を受けることがあったので，今では考えられない

ことですが，当時，私のメールアドレスをお知らせしてありました。でも2年生になり，最近はメールをすることはなくなりましたが，今日はたまたま学校でしほちゃんの具合が悪くなり，夕方「大丈夫ですか？」と久しぶりにメールを打ったのでした。

深夜のメールには，まず「ご心配いただきありがとうございます。大丈夫だと思います」と書かれていました。でも，その下に，今までに私が受け取ったメールの中で最長の文章が書かれていたのです（あとで見直したら，2000字くらいありました）。

言葉はていねいなのですが，僕のやりかたについて質問というか不満というか，それが綿々とつづられています。

そういえば，先日，学活の時間に私は子どもたちにテレビを見せたことがありました。一番の問題は，そのことのようです。しほちゃんからその日のことを聞いて「勉強の時間をつぶしてテレビとは納得いかない！」「学校の方針なのか？」ということのようです。でも，メールの途中に「親戚や知り合いの都議会議員や市議会議員の下で勉強してきた」なんてことも書いてあって，なんか脅かされているような気分になります。

2．読みたくない，読まずにいられない，眠れない！

眠い目をこすりながらこのメールを半分読んだところで「あぁ，このメールは今日はもうこれ以上読まないほうがいい‼」と判断して，「見てない見てない……」と頭で繰り返しながら寝ようとしました。けれど，そんなことは不可能でした。

あの先に何が書かれているのか，「怒ってる‼ 完全に怒ってる‼」という恐ろしさと，反対に「こんな時間にこんなメール

なんかよこすなよ〜」というこっちの怒りが沸き，どんどん目が冴え渡ってきます。メールの先を見たくない，今日は見たら眠れなくなる……いや，もうなってる……どうすればいいんだ〜っ！！　うぉ〜！！！

　リビングに行くと，成績の時期だったので妻がまだ仕事をしていました。「どうしたの？」と声をかけられるよりも早く，私のほうから今の出来事を話しました。

　「読みたくないけれども読まずにいられない」ということで，ざっとですが，メールも読むことは読んでしまいました。でも，冷静に理解・判断することなんかできません。

　気がつくと，かばんや棚をあさり，今まで保護者の方々からもらった「ステキなうれしい手紙」をかき集めていました。それをもって一人ソファーに座り，眠くて腫れた目で一つずつ読んでいきました。こうして，2時半くらいまで，眠れずにいたのでした。

　さて，もし保護者の方からこんなメールをもらったら，あなただったらどうしますか？

3．先輩教師，小川先生に相談

　私の頭の中には「言い訳」しか浮かびません。ふだん他の人が悩んだときには，いろいろ言うくせに，自分のこととなると何一つ考えられないのです。情けない。

　自分の置かれた状況は，今までで最悪かのように思えます。〈どっちに転んでもシメタ〉というコトワザがあるというけど，こんな状況の中でもシメタなんかあるのか？

というわけで，次の日の放課後，同じ学校の小川先生（仮説実験授業研究会の会員でもある）のところへさっそく相談に行きます。小川先生は「長いな～」と言いながらもメールを読んでくれました。そして，こう話してくれました。

〈ボクも若い頃よく言われたよ〉
ぼく（小川先生）も若かったとき，こういうことがよくありましたよ。こういうのは，ベテランの先生には言わないんだね，きっと。伴野さんが若いから，このお母さんも言ってるんじゃないかな？〈まだ教師になったばかりで，何もわからないだろうから教えてあげよう〉とか，〈こういうことを言ってあげたら伴野さんは変えてくれるだろう〉という期待とかがあってさ。ベテランの先生にこういうことを言っても聞く耳もってくれないのが普通だと思って，なかなか言わないよね。

〈こういうときは反論ではだめ〉
ベテランの先生だと，こういうことを言われると頭きてよく言い返す人がいるんだよ。でもこういうときっていうのは，言い返したら，たいていはうまくいかないんだよね。
こういうときは相手が善意で言ってくれて「ありがとうございました」っていうスタンスでいくのが大事で，もしかしたらそうではないかもしれないけれど，とにかくこっち（言われた側）は，「ありがとうございました」っていう姿勢でいかないとだめだね。

〈きっと，伴野先生のこと，かってるよ〉

このメールさ，すごく丁寧じゃない。なんかとても気を遣って書いてるように思うのね。このお母さん，きっと伴野先生のことかってると思うなぁ。別に子どもが取り返しのつかない大けがしたわけじゃないし，どうしようもないってわけじゃないよね。

　小川先生のお話を聞いて，ようやく少し自分が落ち着きました。でも，小川先生はこんなことも言っていました。

　「よかった！　オレのクラスでなくて。ワッハッハ」

　そして最後にこうも言ってくれました。

　「オレだったら，まず小原（茂巳）さんに相談するな〜」

4．大学の恩師，小原先生にも

　小川先生と話し終わると，時刻は5時半になっていました。すぐに携帯を取り出して小原先生に電話します。実は小原先生は僕の明星大での恩師です（「先生」になるきっかけと希望を与えてもらいました）。

　小原先生はちょうど帰宅中の車の中でしたが，すぐに「はい，今，喫茶店に入りましたのでどうぞ〜」とのこと。

　私はまずメールを転送して，読んでもらうことにしました。すると1時間後，小原先生はメールの返事の〈書き出し見本〉を書いて送ってくださいました。（以下，その例文）

　　長い文章のメールを送ってくださり，ありがとうございます。正直，読んでいって初めは胸がドキドキしていました。

お母さんがおっしゃることがごもっともなことだらけだし，それに正直な気持ちで書かれたものだったので，なおさらドキドキしてきたのです。実際，メールが届いた後，3時間ほど眠れずにいました。
　　　でも，すべての文を読み，しばらく考えていくうちに「あ〜，このメールはとても親切で心あたたかいメールなのだな〜」と気がつきました。そうでなければこんなに長いメールを，時間を割いてわざわざ書いてくださるわけがないからです。
　　　そこでとりあえず，今回のメールを送ってくださったことに心から「ありがとうございます」を言わせてください。
　　　ところで，…

　ん〜，絶対自分にはこんなメールは作れない。そう思いながら，読みました。ここには小川先生が言っていた「ありがとうございます」の気持ちが，無理のない言葉で表現されているのが「すごいな〜」と思いました。

5．保護者あてのおたより，その基本的な心得

　さっそく小原先生に電話すると，先生はすぐに言いました。
小原先生「あのお母さんさ，なんか勘違いしてるとこない？　伴野さん，算数の時間にテレビ見たの？」
私「いえ，算数ではなく〈学活〉です。でも，もしかしたら算数と勘違いしているかもしれません。あの日，いつもなら算数の時間でしたから」

小原先生「文の中に〈算数〉って書いてあった気がするんだけど、そこを勘違いしてる可能性があるな〜」

　もう一度お母さんのメールを読んでみると、たしかに〈算数〉と書かれていました。私はそれまでに3回くらい読み返していたはずなんですが、見落としていたのです。無意識のうちに怖いものから逃れるように、サーっとしか目を通していなかったようです。なにしろ、読むたびに気分がへこみ、暗くなっていたのです。

小原先生「それなら問題は意外とシンプルかもしれないよ」

　そして、返信のポイントについてアドバイスしてくれました。

● 〈主旨は「ありがとう」〉

　返信するときはね、こういうのは「ありがとうございました」が前面というか全面に出てたほうがいいね。あのお母さん、テレビのこと以外にもいろんなこと書いてあったじゃないですか。相当気を遣っているよ。だから長い文になったんじゃないかな〜。

　メール作ってるときもきっと考え考え、言葉選んでさ、送ったときもドキドキして送ったと思うんだ。だから、それに対しては心から「ありがとうございました」っていう気持ちを伝えたいと思うんだよな。

● 〈相手の気持ちを考えながら誤解を正す〉

　お母さんは、「算数の時間にテレビ見たり、クイズをした」ように思ってるんだよね。もしそうだとしたら、お母さんの言うとおりだよね。でもそれは違うんだから、その

ことを伝えなきゃね。それも「お母さん、誤解してますよ」じゃなくて、もっと丁寧に、遠まわしというか、「揚げ足をとって逆襲するつもりか」なんて嫌な気持ちにならないような言い方でね。

● 〈学活だとしても「ごめんなさい」という気持ちで〉

　たとえ学活でも、「テレビを見る」っていうのは、それだけで「いけないことだ」と思う人はいるかもしれないね。どんなテレビを見るかは問題だけど、「テレビよりマシなことがあるだろう」と思っている人には、やっぱり、「期待に添えなくてごめんなさい」っていう気持ちは伝えたほうがいいだろうな。

　「漢字練習」とか「ゲーム」とか、そういう選択肢をだして、子どもたちが選んだのが映画だということは、お母さんもメールに書いているから、そこはわかってるんだ。だから、あとは要するに、「でたらめに、テレビに子守りさせてるわけじゃない」ということが伝えられればいいんでしょ。だから、用意した選択肢というのは「みんなで仲良くなれるようなこと」だし、「最近は、プールも勉強もがんばってる子どもたちなんで、余った学活の時間にでも気分をほぐして、なんとかほのぼのとした気持ちになってもらいたいと思った」ということを伝えたいよね。

● 〈「学ぶ」ということに触れてくれてるのはいいことだ〉

　このお母さんは、〈勉強〉とか〈学ぶ〉ってことについても書いているでしょ。「学ぶってことは、学校の勉強以外のこともある」ってことにちゃんと触れてくれてるじゃな

いですか。これはとてもイイことだよね。普通は「学校は勉強するところ」って，ただそれだけで終わりだもんね。そういうことをわかっていてくれるお母さんって，なかなかいないよ。

だいぶ見通しがついてきました。「伝えたいこと，伝えるべきこと」は，4つにまとめられそうです。
　①〈算数〉ではなく〈学活〉の時間だったということ。
　②〈学ぶ〉ということについては，自分もお母さんと思っていることは同じ。その基礎は〈学ぶことのたのしさを伝える〉であること。
　③まだまだ教師としても未熟で，足りないところだらけですが，「学ぶことのたのしさ」を教えるために勉強している途中です。
　④子どもの笑顔が一番であること。それはこれからもかわりません。
どうやら返信が書けそうな気がしてきました。
さらに小原先生は，こんなことを話してくれました。

「今回はテレビのことだったけど，普通はこういう不満とか疑問って，思っていてもなかなか伝えてはくれないよ。まわりのお母さんとの愚痴になって終わるんだよ，普通は。でもこのお母さん，伴野先生にわざわざこうして伝えてくれてるじゃないですか。とてもいいよね～。このお母さんは伴野さんに〈親っていうのはこういう風に思うものです

よ〜〉って教えてくれているんだね。こういう関係って，とてもイイんだよね，本当は」

私「なんで，いい関係なんですか？」

「もしかして話がずれてるかもしれないけど，僕らのサークルでベテランがいろんな資料を書いて出しますよね。その資料に対して若者が〈あれ？なんでだ？〉とか〈本当にそうか？〉って思うときがあるじゃないですか。そんなとき，別に年齢に関係なく，その疑問を言えるのがサークルのいいところだよね。何を言っても別にお互い嫌な気持ちには全然ならないし，だから僕らは安心して研究ができるんだよね。それっていい関係じゃない。

そうやって「あれ？」って思ったことを正直に言えるというのが〈いい関係〉っていう意味ですよ。お母さんも「あれ？」って思ったことを正直に伝えてくれたんだよね」

6．返信メールついに完成!!

小川先生と小原先生に相談して，絶対に自分では考えられなかった方向に自分の考えが変わりました。そして夕飯を作る前に，「絶対終わらすぞ!!」と思い，返信メールを打ち始めました。さっきの小原先生の書き出しに続けて…

★☆★

ところで，メールにあった先週の5時間目は，算数ではなく学活の時間でした。いつもなら算数をやっている4時間目に生活科をやったので，それを5時間目の学活かと思い，子どもたちは入れかわったのだと思ってしまったのだ

と思います。そこは私の言葉足らずです。

　その学活の時間，最初に今まで学習したプリントなどの配り物をしました。あと30分くらい時間があったのですが，みんな午前中のプールでぐったりしていたので，最近人気の「漢字練習」か，「友だちとわいわい仲良くなれるゲーム」，そして，ほのぼのとした気持ちになってほしいな，という気持ちで「感動するようなアニメを」と思い，子どもたちに聞いたのでした。

　他のクラスでどのくらいテレビを見ているのか，というのは私にはわかりませんが，私は算数の時間に関係のないゲームやテレビや漢字をしようとは思っていません。

　学校の「学」ということについて，私の考えも，お母さんがおっしゃっていたことと同じです。先生として，大人として〈学ぶことのたのしさを子どもに伝えたい〉というのが教師になった一番の理由ですから，そのために色々な研究会に参加したり，勉強して，私としてはがんばっているつもりです。

　ですが，まだまだ足りないことだらけで，教師としての常識もないと思うのです。今回もそういったことがあって，ご心配をおかけしたのだと思っています。

　子どもたちの笑顔をつくるお手伝いをすることが，私の仕事であり，生きがいです。「口うるさい」なんてとんでもないです。こうして「あれ？」と思ったことを丁寧に，私の気持ちを考えて言ってくださる保護者の方がいつも見守ってくれるんだ，幸せなんだな，と今回たくさん考えて

感じました。まだ１学期が終わっただけですが，２年３組で過ごせる日々をこれからも大切にしなければな，と改めて思いました。ありがとうございました。

　メールを送った直後は，少し返事がたのしみでした。が，やっぱりその日の夜から，９時になると携帯の電源をしっかりと切って寝る私でした……。

7．親からの苦情をどう捉えるか

　しほちゃんのお母さんから返信メールが届いたのは，次の日の，やはり夜中でした。

　誰もいない家で，一人正座をしながら冷や汗をかきながら熟読しました。

　「忙しくて返信がおくれた」というおわびの言葉のあとに，「先生には親の気持ちを伝えることができたようで，ほっとした」といったことが書かれていました。テレビについてはまだ「納得」というわけにはいかないようでしたが，それでも「〈先生には先生なりの考えがあってやっていることなのだ〉ということはわかりました」と言っていただけました。

　ともかく，ほっとしました。

　こうしてこの事件？はひとまず幕を（たぶん）とじたのです。

　最近テレビでは「モンスターペアレンツ」なんて言葉がよく話題になって，非常識な親の特集やドラマまでやっています。

　だから少し苦情がきたり，悩んでしまうようなことを保護者から言われると，経験のとほしい私などは，すぐに「ついに来た！」なんて思ってしまうのです。

今回私がこのメールをもらったときも，正直なところ，「なんてことを言うんだっ」「こんな細かいこと言うなよ」と，かなりイライラしました。しかし，この件が決着するころには「いいお母さんなんだな〜」と（全部ではないけれど）思えるようになっていました。
　〈苦情を言うときの人の心〉とか〈ありがとうの伝え方〉だとか〈いい関係とはどういうことか〉など，新しい〈考え方〉をたくさん学べました。苦情を持ち込まれても，結果的に「シメタ」といえることがたくさんありました。
　もっとも，今学期の最後は，予定していたゼリー作りや，映画鑑賞などのおたのしみは全て中止しました。最後の日まで授業をやりました（笑）。「来学期は〈おたのしみ〉をやるぞ〜」と思ってはいるのですが，それでも今回のことは「勉強になったな〜」と思っています。
　　　　　　　　　　　　　　　　　　　　　　おしまい

〔補足〕
　じつはこのお母さん，その後も私をとても支持してくださったのです。あのとき自分が恐れていたのとはまったく正反対というか，とても協力的なお母さんだったのです。
　思い返してみると，私がはじめ恐れたのは当然のような気もするし，しかし，その恐れのままに反応していたら……ということも気になります。自分では落ち着こうと思っても，どうしても落ち着けないときって，ありますよね。そんなとき，「落ち着け」と激励するだけじゃなく，ほんとに「落ち着いたアドバイス」をしてくれる人が近くにいてくれて，助かりました。

苦情に対して なぜ「ありがとう」なのか

小原茂巳

すでに僕の言葉がたくさん紹介されているのですが，最後にちょっとだけ補足をさせてもらいます。

1. 言いにくい言葉はキツクなる

僕も若い頃は，だれかに，「これ困ります！」なんていわれるとドキッとして，もうそれだけで冷静ではいられませんでした。そんなことをあるとき竹内三郎さん（仮説社）に相談したら，「人は言いづらいことを言うとき，言い方がキツクなるんだよ」と言われて，「なるほど！」と思ったんです。

例えば，保護者に「先生，コレってどうなってるんですか？！」なんてちょっとつよい口調で言われたら，たいていは萎縮しちゃったり，時にはムカっとしたりすると思うんです。そしてすぐに，「イヤ，それはそういうつもりじゃなかった」みたいに，防衛するというか，言い訳をしてしまいがちです。

ところが，「人は言いづらいことを言おうとするとキツクなる」ということを知っていると，言われたときに極端に焦らなくて済みます。「言い方がキツイよなあ。でも，この人も実はとっても言いづらかったんだなぁ」なんて，ちょっとは余裕がもてます。「ずいぶん我慢してたんだなあ」ということがわか

ると、「すぐに反論しなくちゃ」なんて思わずに済みます。

2. まずは「聞く」という姿勢

　保護者からすれば、先生というのはもともと〈文句を言いづらい人〉なんです。子どもを預けていて、次の3月までは「お世話になる」わけです。親が文句をいったら、子どもがどんな仕返しをされるかも知れないでしょ。先生のほうは仕返しなんてことはまったく考えていなくても、「保護者というのは、そういう心配もするものだ」ということを知っていると、対応がずいぶん違ってくると思います。「口調がキツイ」とか、「話が長い」と思ったときも、カッカせずに、「とりあえず聞こう」とか、「30分は聞こう」と思えるようになる。あちらは不平・不満がたまっているわけですから、とりあえず聞く。

　その「聞く」ってことは、「ともかく聞く」んです。途中途中で説明や言い訳の言葉をはさんじゃダメです。いちいち「実はコレはこういうことだったんです」とか言ってると、相手は「やっぱりなあ」と思います。「この先生はちゃんと聞きもしないで、すぐに反論してくる。この先生には話しても無駄みたいだ」と。そうして萎縮する人もいるし、もっと激しく攻撃してくる人もいます。

　ですから、こっちのことも理解してほしかったら、まずは相手側の立場を理解して、「そういうことでしたか〜」というようにしたいですね。人間って、〈自分を理解してくれる人の話〉なら聞く気にもなるんじゃないですかね。

3. 文句はコミュニケーションのはじまり

　仮説実験授業をやっていると，子どもたちは「討論」が好きになります。「討論だけが好き」ということではないですけど，「自分と違った意見」の面白さに気が付くようになります。「論敵のおかげで自分の頭がよくなっていく」ということを感激的に味わっているんですね。

　ところが，先生のほうはあんまり討論なんてしたことがないし，「論敵のありがたさ」なんて実感するチャンスに出会ってないんです。子どもたちに向かって「討論って大事だよ。論敵がいるといいよ」って言うけど，そう言ってる先生は，あんまり討論慣れしていないんです。せめて小さいときに兄弟ゲンカでもたくさんしていれば，「意見対立」とか「はげしいコミュニケーション」というものを経験できたのかもしれませんが，僕の場合は五人兄弟の末っ子で甘えっ子で，今まで論敵なんて目の前に現れたことがなかったんです。だから，僕自身は，討論が面白いなんて思ったことがないし，「論敵のありがたさ，論敵は恩人」なんて，わかりませんでした。そういうことは，僕は先生になって，仮説実験授業をやるなかで，子どもたちから学んできたんです。

　子どもたちは仮説実験授業で「自分とまるで違う意見」がでると，すごく張り切ります。違う意見があれば討論が盛り上がって，たのしいからです。討論のあとで，実験で自分の予想が否定されて悔しい思いをすることもあるけど，けっきょくは，「お互いに言いたいことを言いあって，みんなで進歩した」という感覚がまた楽しいんです。

保護者から「先生，それはコウじゃないですか？！」って言われて，むかしの僕はドキッとしてました。でも，これって，たのしい討論／会話の始まりかもしれないじゃないですか。そう気がついたら……といっても，やっぱり少しはドキッとしながら，「これはチャンスじゃないか」と思えるようになってきました。そして，「文句を言われないようにする」ことより，「いつでも言いやすい雰囲気をつくる」ことのほうが大切じゃないかと思うようになりました。これも，仮説実験授業をしながら学んだことです。教師の仕事は討論をリードすることじゃなくて，話しやすい雰囲気をつくることなんですよね。

　もちろん，たとえばAさんが何か偏見をもっていて，それでクレームをつけてきたということもあるわけです。そういうとき，学校の先生は「それは間違っている」ということで，「正しいこと」をバーバー言ってしまうということをやりがちです。授業だって，仮説実験授業以外の授業というのは，ほとんど，そういう形ですすんでいきます。

　でも，「正しいことを言えば終わり」じゃないですよね。Aさんにわかってもらう，納得してもらうのが重要です。Aさんは正しいことが理解できないのではなく，「それは間違っている」と思っているのです。そうすると，こちらの考えをわかってもらうためには，まずAさんの考えをわかっておきたい。仮説実験授業をやっている僕としては，「どうわかってもらうとイイかな」と工夫したり努力したいですよね。それで，〈Aさんの気持ちや立場というのはどうかな？〉ってことを考えるようになりましたね。

4．手紙を書くエネルギー

　伴野さんの例で言えば、メールがすごく長いじゃないですか。受け手側からすれば、「なんだ〜？　こんな長いメール寄こして…」って圧倒されるけど、メールを送る側に立ってみれば、こんなに長いメール、打つだけだって相当長い時間がかかっていますよ。

　だいたい、「手紙を書く」ということだけでも大変なことですよ。僕なんか大切な人から手紙もらってその返事を書こうと思っても、なかなか返事が書けないことっていっぱいあるわけです。だから、コレはね、「相当な労力をかけてくれたんだなぁ」ってことが想像できるわけです。

　不満をぶつけるだけなら、こんな時間をかけて面倒なことをせずに、校長や教育委員会に一発、電話かけてもいいんです。それを「伴野先生だから書きます」ってことは、この人は伴野先生にケンカを売りたいわけじゃない。「そういう気持ちを表現するのに相当なエネルギーを使っているなぁ」ってことがわかります。そういうことが想像できると、「それに対してムカツクだけじゃだめだな、やっぱりそれなりに応えなきゃいけないかなぁ」という風になります。

5．苦情に対してなぜ「ありがとう」なのか

　そうなれば、とりあえず「ちゃんと伝えてくれて（指摘してくれて）ありがとうございます」と言える。それは、細かいことはともかく、「仲良くしたいです」ということです。少なくとも「敵じゃない」ということで安心してもらいたい。相手は

すごく緊張しているはずですから，そういう反応が最初にあればほっとするし，ほっとすれば〈話を聞こうか〉という余裕もできるはずです。これは重要なことです。

　もし僕が〈親として〉学校に文句を言いに行った時に，「よく言いに来てくれましたね。どうぞ，座ってください。どうぞおっしゃってください」って言ってくれる先生なのか。もうすぐにでも「いや〜，それは違うんですよ，こうじゃないですか？」って反論してくる先生なのか。後者なら敵みたいな感じがしてきます。よく考えれば，それは，先生自身が相手を「敵扱い」してしまっているんですね。相手の立場で考えると，本当はどういうことが不安なのか，何が気になっているのか，何が言いにくいのかが，少しはわかったりします。

質問と意見

会場から　こんなタイプの親に僕も出会ったことがあります。こういう人って，やっぱり変わった人が多いのかな，保護者の中でも孤立しているという可能性があったりしますよね。ちょっと浮き気味だったりして，話す場所がなくてこっちに来るということもある。僕のときにも，何時間も話に来られたことがありました。エネルギーはすごくあるけど，悪気はないですよね。

伴野：保護者に「ありがとうございます」って気持ちを出した方がイイねって，小川先生にも小原先生にも同じことを言われたんですよね。だけど，「苦情のメールなのに，なんで

〈ありがとうございます〉なのか」がわからなかったです。小原先生には「自分が本当に〈ありがとうございます〉って思っていないのに,〈ありがとうございます〉って言っちゃダメだよ」ってことも言われたんですけれど……。

小原：そうだよね。「この野郎！」と思っているのに「ありがとうございます」って無理に言ってみても,前後がぎくしゃくして,すぐにバレちゃう。むしろ,「すごく信用できない」という感じになります。だから,一つでも「ありがとう」があれば,そのことに触れる。今回なら,「長い手紙を書いてくれてありがとう」とか,あるいは,「よくぞ直接言ってくれました」とか,相手の立場を想像すれば,ほんとに「ありがたいなあ」ということがあるわけですよ。そういう「ありがとう」を探して書くといいですね。

田辺：このお母さんは〈学校の方針〉にも触れているじゃないですか。それに対して伴野さんは「そのことについてはわからないですが」っていうスタンスで答えたのはよかったんじゃないですか。僕も〈学校はどうなってるんですか〉っていう質問に一生懸命に答えようとして,かえって反感を買ってしまったことがありました。何も僕が校長先生になる必要はないんですよね。

★ 〈先生〉という立場を忘れて保護者に共感する

小原：学級懇談会で,「音楽の授業が成り立っていません」とか,「体育の先生が体罰っぽいことをやっているみたいですけれど」なんて苦情が出てくることがあります。中1の親か

らは「中学校ってカバンが重すぎますね（笑）」なんて苦情が出てくることもあります。

　その時，僕もカバンが重そうだって思っていたら，「そうですよね。アレって重いですよね。僕も持ったことがありますが，何とかならないですかね」って感じで話を持っていきますね。〈自分は先生だ〉っていうことを忘れてね（笑）。

　あるいは「ちょっと，職員会議とかで話題にしてみます。教科書はロッカーに置いとければいいんですけれど，ロッカーには鍵をかけられないものですから。なるべく余計なものを持ってこなくても大丈夫なように検討します」とか。

　ある先生への苦情が来た時にも，自分の担当範囲じゃないなら，その保護者の立場に立ってあげるとイイですね。「あ〜，そうですか。そりゃあ，体罰はまずいですよね」と。とりあえず，「あなたの言い分は理解しました」という意味でいいんです。事の真相は別としてね。「それは大変ですね。じゃ，保護者会が終わったら帰りに校長室にでも寄っていってください」とか。今，田辺さんが言ったように，自分で勝手に学校長になって，学校を弁護する必要もないよね。

田辺：僕が小原さんから学んだのは，親が学校のことで苦情を言って来たら，僕らも学校という組織の一人なんだから，まずは，「イヤな思いをさせてしまったことは謝っておくべきだよね」ということです。

　大きな企業だと，お客さんからの苦情に対処する専門の人がいるわけです。でも，学校の場合は，たいていは担任が苦情処理の窓口になっていますよね。保護者の苦情があればま

ずは担任がそれを聞く。その際，保護者が受けた精神的苦痛については，担任も学校という組織の一員として頭を下げるべきなんだと思います。

小原：その通りですよ。保護者にとっては，僕は学校の一部なんだから，「心配した」「困っている」ということについては「そうですか，それはご心配をおかけして申し訳ありません」くらいのことは言ったほうがいい。そして，「そのことについては，校長とか，誰とかがお話をうかがうことになってます」くらいのことは言ってもいいですけれど。

会場から　私の学校に，伴野さんみたいに若くて言いやすい人がいるけど，保護者との苦情処理でものすごい時間が取られて気の毒なくらいなことがある。そういうのをうまくやっていけるようなアドバイスってないですか？

★直接，僕に話してください

小原：僕は，若い頃から「話しやすい」という雰囲気を作っているほうだと思いますね。保護者会の時などに，こういうことを言ってるんです。

　——〈保護者会は下駄箱から始まっている〉という言葉があります。教室での保護者会では意見もほとんど出ないで，保護者会が終わってから下駄箱でお母さんたちが帰る時に，やっと気楽な気分になって，「今日の保護者会の小原先生の話はひどかったよね〜」とか「宿題の出し方って，あれじゃ困るわよね〜」って，やっと本音が出るんですよね。

　でも，そういう要望ならば，直接，僕に言ってください。

直接言ってもらえば僕の悪い点を直せるんだけど，僕に言わないですぐに校長や教育委員会に伝えると，僕は間接的に悪いところを聞かされるわけじゃないですか。そうなると僕も人間が小さいからムカックってのが出てきたりします。ですから，「僕に直接いってくださるようお願いします」——と。

そういうお願いをして，その次に言うのは，「できたら〈こうすると直せるよ〉とか，〈できるだけ，こうしてもらうとイイ〉などと対案を教えてもらえると，さらにありがたい」ということを言います。

そして，もう一つ言っているのは，「毎回ドキドキするのはイヤなので，なるべくイイことを言ってください」ということ。「小原先生，イイじゃん」って思ったら，それバンバン言ってください，と。「言いたいことを言ってください」ってことは，「イイことを言ってください」ってことなんです。「それ，お願いしますね。言いづらかったら，手紙でも結構です。僕はそういうのを大好きです」ってね (笑)。

★誠意を示す

小原：苦情というのは，どちらかというと〈長く・しつこく・キック〉ってことがあるけれど，それに対しては，とりあえず誠意を示したい。「苦情を言ったけれど，この先生すごく誠意をもって対応してくれたなぁ」ってことは見せたいんです。

「誠意を持って対応してくれた先生だ」と思ってくれたら，次にこちらからもいろんなことが言えるんです。「でもね，ちょっともう少し短くしてもらえませんか」とか「夜遅くの

電話はやめてもらえませんか」とか,「できれば直接会ってもらえませんか?」……とかね。こちらの誠意が通じていない段階で「こうしてください」みたいなことを言うと,相手は全面的に拒否されたように感じるかもしれません。だって,言いづらいことを,やっとの思いで言うわけですから,こちらの反応にすごく敏感に反応して,「もうイヤだ」「話しても無駄だ」と思われかねないんですよ。

★岡目八目的に次の手を読む

　一般的なことになるけれど,僕は〈他人のトラブルを何でも解決する,なんでもアドバイスをあげられる〉なんて思っていません。ただ,岡目八目……囲碁や将棋を指している当人たちは必死なんだけれど,その対戦を横で見ている人は余裕があるから,もう少し先の手を読めるという,そういうことはあると思います。「余裕がある」ってことは,「無責任な立場にある」ということでもあるんですけどね。

　そういう意味では,相談相手って重要ですね。〈自分のことをよく知っているけれども,その件についてはまったくの部外者〉という立場の人にいてもらって,〈一緒に解決できる選択肢を考えてもらう〉ってことがイイです。もちろん,自分がその当事者になってしまったら,やっぱりドキドキするでしょうけどね。

よくあるトラブル その3

グループからはずれた子が現れたとき

バスの座席が決まらない！

小川　洋

1．あの菜津実ちゃんが孤立?!

　以前勤めていた小学校でのできごとです。

　そのころ小6の担任だったボクは，10日後に迫った移動教室（日光，2泊3日）の〈バスの座席〉が決められずに悩んでいました。菜津実ちゃんという女の子が，クラスの中でひとりぼっちになっていたのです。

　〈あの菜津実ちゃんがひとりぼっちになってしまう〉なんて，少し前までは考えられないことでした。5年生からの持ち上がりのクラスでしたが，元気な女子グループ（5〜6人）の中心になって跳ね回っていたのが菜津実ちゃんだったのです。

　もっとも，菜津実ちゃんのワガママに振り回されて困っている様子の女の子もいました。〈元気な仲良しグループ〉といっ

ても、ちょっとしたことでグループから仲間はずれにされるみたいで、そのメンバーも、けっこうビクビクと菜津実ちゃんには気を遣っているようでした。グループ以外の、おとなしい女の子たちはみんな、菜津実ちゃんには近寄らないようにしている感じでした。

菜津実ちゃんにいじめられた子の親から担任のボクに苦情の電話が入ることもありました。中には菜津実ちゃんのお母さんに直接文句を言う親もいたようです。菜津実ちゃんのお母さんもいつも悩んでいました。「菜津実がほかの子をいじめるのは幼稚園のころからなんです。家でもいつも〈みんなと仲良くしなきゃだめ〉って言ってるんですけど。いつもウチの子が加害者で、ほんとにつらいんです。〈いじめられる〉って方がまだいいです」とお母さん。

ボクはそんなお母さんに、こんな話をしていました。──「菜津実ちゃんが問題を起こすのは〈学校での人間関係の行動パターン〉がそうなってるわけで、別に〈親の育て方が悪い〉ということではありませんよ。〈自分のマズイところ〉がなかなか彼女にはわかってもらえないんだけど、できるだけ菜津実ちゃんの気持ちに沿ってボクも考えたいと思っています」

5年生の3学期ごろ、ボクはいじめられた子たちからいろいろ話を聞いたり、菜津実ちゃんをこっそり呼んで話をするといったことを、しょっちゅうしていました。菜津実ちゃんは素直にボクの話は聞いてくれるのですが、でも、一度身に付いた行動パターンはなかなか変わりません。大人ぶってる菜津実ちゃんでしたが、「仲間はずれにしても、その子を許せばまた元通

その3／グループからはずれた子が現れた

り仲良くなれる」と思ってるようなのです。

「そのうちみんな遊んでくれなくなったり，反対にあなたがイジメられるかもしれないよ」と，菜津実ちゃんに忠告もしていたのです。でも，そんな事態がこんなに早く訪れようとは予想外のことでした。

6年生になると，ひとり，ふたりと，自分からグループを脱ける子が出てきました。そして4月の終わり，学力テストの日。テストが終わって少し時間ができたので子どもたちを体育館で自由に遊ばせました。見ると，菜津実ちゃんがひとりぼっちでバスケットをしています。ほかの子たちはキャッキャとはしゃぎながら別のゴールでバスケットをしたり，フラフープで遊んでいました。この光景にとてもおどろいたのを，ボクは今でもよく覚えています。次の日，菜津実ちゃんは学校を休みました。

2．涙を流す菜津実ちゃん

菜津実ちゃんは，1日休んだだけでした。しかしそのころから，教室の雰囲気はとても明るくなりました。はしゃぎまくる女の子たち。まるで「重しがとれた」とでもいうような感じです。それまでグループ内の子としか遊ばなかった女の子たちが，自由にいろんな子とつき合うようになりました。

そんな中で一カ所だけ，"暗いスポット"が当たっている場所が菜津実ちゃんの席です。ずっと誰とも話さず，怒ったような表情をくずさない菜津実ちゃんがそこにいます。男子も女子も誰ひとり菜津実ちゃんと話をしようとしません。特に意地悪されるわけではないのですが，菜津実ちゃんも自分からは誰に

も話しかけません。

　そんな菜津実ちゃんですが、担任のボクにだけはけっこう話しかけてきます。ボクもできるだけ菜津実ちゃんと話をしたり、手品やパズルで遊んだりしていました。一度、クラスの亜実ちゃんという子と仲良くなりかけたことがありましたが、それも長続きしません。すぐに遊ばなくなりました。

　菜津実ちゃんは休み時間に退屈すると1年生の子と遊ぶようになりました。本当は友だち作りが苦手な子なのかもしれません。今まで、友だちが自分以外の子と仲良くしてると激しく嫉妬したのは、友だちが無くなる不安感や自信の無さからだったのかもしれません。

　ボクは、このままだと菜津実ちゃんが不登校にならないかと心配で、ときどきそっと呼んで話を聞いたり励ましていました。そんなとき、菜津実ちゃんはすぐにポロポロと涙を流します。

　菜津実ちゃんは、教室のみんなの前でも泣くようになりました。アメリカ人の先生の英語の授業で「子どもたち同士が英語で挨拶しながら名刺の交換をする」というゲームをやったときのことです。彼女ひとりだけがゲームに参加せずに、教室の壁にもたれかかっていました。「ほら、立ってゲームやったら？」とボクが話しかけると、菜津実ちゃんは突然泣き始めました。

　移動教室の係を決めるときも、宿の部屋を決めるときも泣いていました。ボクは、そんな彼女の周りではしゃいでいる女の子たちが憎らしくなってくることもありました。

　「いい加減許してやったらどうなんだ?!」「自分たちだっていっしょに悪いことしてたのに、全部菜津実ちゃんのせいなわ

け？」——そう言ってやりたくなります。

　菜津実ちゃんに対しても，「ひとり，友だちがいれば安心なのになぁ」と思っていました。そして，「なんで自分から友だちを作ったりできないんだ？」「いつまで女王様気分なんだ。なんでもまわりの人がやってくれると思ってるのか？」と，イライラすることもありました。

　６月に，子どもたちを日生劇場（有楽町，学校から１時間あまり）に連れて行ったことがありました。その日，近くの日比谷公園のベンチで，ひとりぼっちでお弁当を食べている菜津実ちゃんの姿が忘れられません。このままだと移動教室でも同じことになりそうです。

3．バスの席，どうしよう?!

　そして，本当に困ったことになりました。移動教室のバスの席を決めなければならなくなったのです。

　日光までの長い（約４時間の）バスの旅。バスの座席は通路をはさんで二人ずつ並んでセットになっています。子どもたちにとっては，「バスで誰といっしょに座るか」が楽しみでもあり，関心事でもあるのです。

　「社会科見学ならどんな席でもいいけど，〈移動教室〉はねぇ……」「うん，移動教室だからね」

　そんな会話も耳に入ってきます。子どもたちにとって６年生の移動教室は特別の行事なので

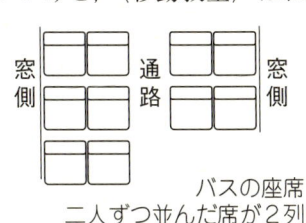

バスの座席
二人ずつ並んだ席が２列

す。

　今までボクのバス席の決め方は「好きな者同士」でした。バス全体を大まかに4等分した座席表を黒板に書いて，早いもの順に名前を書き込ませていました。「ひとりぼっちの子を作らないこと」を条件にやらせていて，今までそれほど困ることはありませんでした。

　でもでも……今回はダメです。菜津実ちゃんがひとりぼっちになることは目に見えています。みんなに向かって「ひとりぼっちを作らない」という条件を出したら，「菜津実ちゃんのせいでバス席が決まらない」ということになるでしょう。そんなことになったら，菜津実ちゃんは「もう，移動教室には行かない」と言い出すかもしれません。

　そんなことになるんだったら，いっそのこと「くじ引き」か，「背の順」にしたらどうだろう……。

　子どもたちからは，大ブーイングだろうけども，担任のボクがすべて強引に決めてしまうほうが良いのかもしれません。

　「もう，今年はそれしかないかもしれないな」と思いました。

　でも，子どもたちのブーイングをリアルに想像すると恐ろしい。しかも，ブーイングの矛先が菜津実ちゃんに向かうかもしれません。「5年のときは好きな者同士だったのに，今年は菜津実のせいで，それができなくなった」と思う子が多いかもしれません。……ああ，弱った。どうしたらいいだろう⁈

4．子どもに相談する？── 小原茂巳さんのアドバイス

　何か，良い方法はないものでしょうか。

そこでボクは，小原茂巳さんに電話してみました。移動教室のバス席のことで困っていることを話すと，「そういう子はとりあえず〈仲間になってくれる子〉がひとりいればいいんだよね」と小原さんはいいます。

小原「その子はクラスで孤立しているんだよね。そういうのって，仮説実験授業の〈予想がたった一人でハズれた子が出たとき〉と似てるかもしれない。その時に感想を書かせてみると，〈ひとりでがんばってえらいよなぁ〉とか〈自分なら変えちゃったかも〉とか，他の子たちからいろいろな見方が出てくるよね」

そういえば，小原さんは日頃から「僕は班長とかを集めて相談したりするのがわりと好きです」と言います。

小原「みんなの前では，〈あの子ぜったいイヤ！〉という声のでかい子が教室にいたりして，子どもたちの本音はなかなか出てこない。だからそういうのが相談できるような場が作れるといいかもね」

また，小原さんはこんなアドバイスをしてくれました。

小原「休み時間にその子が楽しくやれないのは，今はしょうがないけど，授業で，それこそ小川さんお得意の〈クイズ100人に聞きました〉とかやってみたらどう。どんな反応が返ってくるのかを予想しつつ，また次の手を考えてみる。そういうふうに子どもたちを揺さぶるというか，子どもたちに仮説実験的に問いかけてみるのが大切だよね」

「困ったな」と頭を抱えていただけのボクでしたが，小原さ

んからのアドバイスを聞いていて，子どもたちに働きかけてみようという意欲がわいて来ました。

5．クイズをやって，トランプもやって

　さっそく，〈クイズ100人に聞きました〉ゲームを久しぶりにやってみました（『教室の定番ゲーム』仮説社，36ペ参照）。子どもたちは喜んでものすごく盛り上がりました。でも，肝心の菜津実ちゃんはというと……ゲームには加われず，班の子どもたちがワイワイ「解答の予想」を相談している時もひとり離れてぽつんと，つまらなそうな顔です。あーあ……ガックリ。

　次にボクは，〈教室の席替え〉をしました。くじ引きにちょっぴり手を加えて，菜津実ちゃんの近くに〈話ができそうな子〉を寄せたりしました。

　そして，新しい班ができたところでトランプを何回かやりました。1回目は「ババ抜き大会」です。トランプなら小グループでできるので，菜津実ちゃんも楽しく参加できそうな予想が出来たからです。

　2回目は「うすのろまぬけ」をやります。誰かひとりのカードがそろったら急いで机の上のチップを取らないといけません。ぼんやりしているヒマはありません。これはすごく盛り上がって，菜津実ちゃんの顔にも笑顔が見えました。

　3回目は，トランプを使った「野球」。これはフェスティバルのとき杉山亮さんから教わったゲームです。ルールが単純でわかりやすいのでこれも大人気〔注記参照〕。4回目はボクの好きな「ハート」をやりました。トランプを続けることで，子ど

もたち全体の雰囲気がずいぶん和んだ感じがしました。おかげでボクもとても元気が出てきて，菜津実ちゃんのこととか移動教室のことを子どもたちにいろいろ相談ができそうな予感がしてきました。

　＊トランプを使った野球……計34枚のカードを使う。スペードとクラブは13枚すべて，ハートはA〜5，ダイヤはA〜3。1チーム4〜6人の2チームが対戦。後攻のひとりが「ピッチャー投げました」と言いながらシャッフルしたトランプの束をまんなかに置く。先攻のひとりが「バッター打ちました」と言ってシャッフルしながら一枚カードを抜いて表を出す。スペードとクラブ（黒カード）はすべて0点。ハートとダイヤ（赤カード）の数字がその回の先攻チームの得点になる。9回戦表裏をやったら終了。単純なゲームだけど，とても教室が和みます。

6．相談も，まずは失敗 ── 同じ部屋の子どもたちの反応

　移動教室はもう来週です。そろそろバス席を決めなければなりません。月曜日（移動教室まであと12日），菜津実ちゃんは欠席でした。学校に朝早く電話があったらしいのですが，理由は不明です。なんかイヤな予感がします。「不登校の始まりか？」とボクは不安になります。菜津実ちゃんはめったに学校を休まない子だったからです。

　でもこれは菜津実ちゃんのことを他の子どもたちに相談するチャンスです。ボクは，移動教室で彼女と同じ部屋になる8人の女の子を視聴覚室に呼びました（宿の部屋は2部屋なのでモメることなく仲良し同士で決まっていました）。仲のいい子どもたち同士なのでキャッキャとはしゃいでいます。

「菜津実ちゃんが移動教室の部屋でもひとりぼっちになりそうだけど，仲良くやれないものかね」とボクは言いました。すると，女の子たちの口から出た言葉は菜津実ちゃんに対する不満ばかりでした。

女の子たち「だってさ，係を決めるときだってこっちから優しく〈何の係やりたいの？〉って話しかけてんのに，〈フンッ〉という感じでさ」

「そうだよ，部屋を決める時だって，泣いてて何も言わないし」

「別にアタシたちがいじめたりしてないのに，〈いじめるなよぉ〉と2組（隣のクラス）から言われたし」

「2組カンケーないじゃん」

「だったら2組行けば，だよね」

〈取りつく島がない〉というのはこういうことを言うのでしょうか。よく見ると，黙って何も言わない子もいます。たぶん，ひとりひとりの気持ちは少しずつちがうのでしょうが，これでは話は進みません。「同じ部屋の子を集めて相談する」という作戦はみごとに失敗。「子どもたちに相談すればいい」といっても，そのメンバーが重要なようです。

7．班長の子を集める

そこでボクは水曜日の放課後に，班長を残してバス席の相談をしようと考えました。人数が足りない感じがしたので，部屋長も加えた女子6人，男子4人を応接室に集めました。

最初に「今のままだと背の順とかにするしかない。できたら

先生もみんなの希望を生かした席にしたいと考えているので，いいアイディアを考えてほしい」とボクから話をしました。次に「男子はスッと決まるかもしれないので理科室に行って書いて来て」と言いました。

さて，問題は女子です。元気な亜希子ちゃんを中心に「よーし」という感じで名前を書き始めています。そしてすぐに「できたよー」と言って，亜希子ちゃんと恵ちゃんは「用事がある」ということで帰りました。残ったのは香織，瑛梨，麻衣子，志保の4人でした。

最初の案をみんなで見てみました。

小川「うーん，これじゃダメだよね」

菜津実ちゃんの隣が，クラスで一番大人しい真奈美ちゃんになっています。残った子同士をくっつけたのが見え見えです。

志保「真奈美，ぜったい嫌がるよ。真奈美って，みんながいないところではけっこう言うんだよ」

香織「それと，麻美と美穂もわからないよね，聞いてみないと」

瑛梨「真由ちゃんは香織ちゃんと並びたいのかな？」

香織「うーん，どうかな。それと，誰が菜津実の隣に行く？」

みんな「うーん……」

瑛梨「みんな気まずいよね。もう，クジでいいんじゃない？」

香織「でも，クジですっげー嫌になることもあるよ。今，アタシ図工でそうだもん。アタシだけ別の班でさ」

志保「クジでもちゃんと当たる人もいるしね」

香織「背の順だと菜津実の隣はゆかりだよね」

瑛梨「だよね……。でもアタシ，背の順はぜったい嫌」

香織「じゃ，もう一回，考えてみようよ。恵は亜希子でいいよね。シーちゃんはちさとちゃんだよね」

　バス席のボクの悩みは「菜津実ちゃんのこと」だけだったのですが，子どもたちの組み合わせ作業を実際に見ていると，女子はほかにももめそうな所があるのがわかりました。こういうのは，子どもじゃないとわからない事情なんですね。3人で仲良くしている子たちは，「2人組」だとひとり残される子が出ます。それが心配で「2人組」を作れない子もいるようです。
　とつぜん志保ちゃんが言いました。
志保「アタシ1日目だけなら菜津実ちゃんの隣になってもいいよ。2日目と3日目はゆかりと約束してるんだ。その代わり，先生，近くに仲の良い人に来てもらうことってできるかな」
小川「もちろん。それは約束するよ」
　続けて麻衣子ちゃんが言います。
麻衣子「じゃ，わたし2日目に菜津実ちゃんと座るよ。でも，他の日はユイちゃんと一緒になりたいんだ」
香織「あ，そのほうが2日目に，マサミとユイちゃんが一緒になれるからいいんじゃない」
　志保ちゃんと麻衣子ちゃんの申し出で，急に展望が開けて来ました。1日ごとに交代するというのはとてもいいアイデアです。菜津実ちゃんのことだけでなく，ほかの3人組，4人組のグループの子たちにとっても気持ちの良いやりかたになりそうです。女の子たちは，「自分が好きな人と一緒になりたい」と

いうことと同時に「ふだん仲良くしている人を傷つけたくない。気まずくなりたくない」とすごく気を遣っているのです。そのことを改めて知らされました。

香織「でも，菜津実は何て言うかな？」
小川「うーん，大丈夫じゃないかな」
瑛梨「やっぱ移動教室なんだから……菜津実ちゃんの移動教室
　　でもあるんだから，菜津実ちゃんにも聞いたほうがいいん
　　じゃないかな」
　この瑛梨ちゃんの言葉には，ボク，とても感動してしまいました。〈菜津実ちゃんに聞く〉という当たり前のことをボクは忘れていたからです。教師のボクが子どもから教えられたと思いました。
小川「そうだね。じゃ，明日，それはボクから菜津実ちゃんに
　　聞いてみるよ」
　こうして，1日目と2日目の「2人組」の組み合わせを作ってもらってこの日は終わりにしました。バスの席を3日に分けて決める。あと，3日目に菜津実ちゃんのペアが決まれば，万事上手く行きそうです。明るい見通しが出て来て嬉しい気持ちになってきました。班長の子たちに相談して良かったと思いました。

8．本人に聞く
　次の日，菜津実ちゃんを休み時間に呼んで気持ちを聞いてみました。

小川「移動教室のバスなんだけど，菜津実ちゃんは〈この子といっしょだと気まずいなー〉という子，いるよね」

菜津実「……（うなずく）」

小川「反対に，〈この子なら一緒になってもいいかなー〉という子は誰？」

菜津実「志保とか早紀」

小川「そう。早紀ちゃんとは平気？」

菜津実「早紀はそうじの時に話しかけてくれるから」

小川「うん，菜津実ちゃんの気持ちはわかったよ。じゃ，先生も考えてみるからね」

　菜津実ちゃんの口から早紀ちゃんの名前が出て来たのは意外でした。志保ちゃんは自分から「１日目」を名乗り出てくれた子です。もし早紀ちゃんが３日目をオッケーしてくれたら，万事解決です。菜津実ちゃんの意向も尊重した結果になります。昼休みを待ちきれず，給食の準備中，手を洗いに廊下に出て来た早紀ちゃんを呼んで家庭科室に行きました。

小川「あの，バスの席のことなんだけど。早紀ちゃんは誰と一緒になりたいの？」

早紀「亜実」

小川「そう，亜実ちゃんと〈いっしょになろうよ〉って言ってんの？」

早紀「うん」

小川「みんなに避けられててせっかくの移動教室なのに，菜津実ちゃんかわいそうだよね。それで今日，菜津実ちゃんを呼んで聞いてみたんだよ」

早紀「知ってる。中休みでしょ」

小川「うん，そしたらね，菜津実ちゃんは早紀ちゃんと一緒になりたいって言うんだよ」

（このとき早紀ちゃんの顔がパッと輝きました）

早紀「菜津実がそう言ったの？」

小川「うん。掃除の時とかに話しかけてくれてんだって？」

早紀「移動教室なんだからと思って菜津実に話しかけてるんだけど，返事してくれないんだよ」

小川「他の子がいるからじゃないのかな。でもきっと菜津実ちゃん，話しかけてもらってすごく嬉しかったんだよ」

早紀「あたし，隣の席に行ってもいいよ」

小川「ありがとう。実は他の子たちもいろいろ考えてくれててね，じゃ，3日目にお願いしていいかな」

早紀「いいよ」

小川「亜実ちゃんはどうする？ 補助席はさんだ隣に亜実ちゃんがいたほうがいい？」

早紀「いたほうがいい」

小川「わかった，じゃ，そうするね。ありがとね」

これでなんとか行けそうです。菜津実ちゃんに気持ちを聞いて良かったと思います。「菜津実ちゃんはきっとフテくされて〈誰ともなりたくない〉って言うに違いない」と勝手に想像して聞こうとしなかった自分を反省しました。

この日（木曜日）の，放課後，また女子の班長+室長で3日目のペアを作ってもらいました。昨日すぐに帰ってしまって，

ボクをがっかりさせた亜希子ちゃんと恵ちゃんでしたが,この2人がいると作業のスピードが違います。あっという間に座席表ができてしまいました。(男子は前日に持ってきていました。女子ほどバスの席にはこだわらない様子です)

9. ふだん頼りなく見える子が

 今回,小原さんのアドバイスから「子どもたちに相談する」ということをやって,いろいろ収穫がありました。たとえば,普段「頼りないなー」と思っていたような子が,じつは繊細な気持ちを持った,しっかりした子だとわかったこと。

 最初に「菜津実ちゃんの隣」を名乗り出てくれた志保ちゃんもそのひとり。この子はいつも,こっちのグループにくっついたり別の子にくっついたりして,フラフラしてるように見えていたのです。なんか自信なさそうだし,すごく頼りない存在でした。

 また,「菜津実ちゃんの気持ちも聞いてみようよ」と言ってくれた瑛梨ちゃんも,僕には「自分さえ楽しければいいというわがままな娘」のように見えていたのです。「2日目の菜津実ちゃんの隣」を引き受けてくれた麻衣子ちゃんは,〈おとなしい子グループ〉の子で,菜津実ちゃんたちには決して近寄ろうとしなかった子でした。

 「3日目の席」を進んで引き受けてくれた早紀ちゃんという子は,5年生のときにいろいろ事件を起こして,けっこうボクを悩ませていた子でした。ふだん,大人のボクの目には「頼りないなー」としか見えない子たちが,こんなに「頼れる存在」

であることをボクは初めて知りました。「子どものことは子どもに聞くとよい」「そんなとき，子どもたちはとても頼れる存在になる」——これからも覚えておきたいことだと思います。

菜津実ちゃんが，今すぐ明るく振るまうのは無理かもしれません。でも，いろいろな子どもたちの気持ちに直接触れることができて，ボクは今までよりも明るい気持ちでクラスの子どもたちを見ていくことができそうな気がしました。そのうれしさを，今でも覚えているのです。

*

翌日の金曜日，バス席を教室で発表しました。「班長さんたちが頭をしぼった案なので，とりあえずこれでやってほしい」「交替も可能なので自分たちで話し合って申し出てください」

心配していたブーイングも起こらず，すんなり決まりました。

バス席を発表したあとの休み時間，「ね，先生，今日はフォークダンスの練習はないの？」と菜津実ちゃんが話しかけてきました。菜津実ちゃんの顔がいつもより明るく見えました。

日光への移動教室まであと1週間。

ボクは，「もう，行く前からクタビレたなあ」と思うと同時に，子どもたちが頼れる存在であることを発見できた喜びにひたっていました。　　　　　　　　　　　　　　　　（おわり）

* 『たのしい授業』2011.2月号（No.375）には，小川洋「なんだかへんな子？！」が掲載されています。それは，今回ここに紹介した「バスの座席」をめぐる問題について，もう一人の「変わり者」早紀ちゃんにスポットをあてたエピソードです。よかったら読みあわせてみてください。

トラブル解決のための３つの原則

小原茂巳

1．言っていることと胸の内はウラハラ（裏腹）

　僕が小川さんに相談を受けていろいろ言ってますけど，その時々で僕はどういう〈原則〉を使おうとしてたのかな。

　ある子がクラスで「あの子はしょうがないねー」とか言われてみんなから孤立してることって，よくあるじゃないですか。「あの子はこうだよねー」って悪い情報がとびかっているなかで，今回のは「しかし，バスの座席は決めなきゃならない」という状況ですね。この時，僕が思い浮かべた原則は，これも仮説実験授業をやってて学んだことなんだけど，〈言ってることと胸の内は裏腹〉ってやつなんです。

　どういうことかというと，何かのきっかけで「あいつはこうだよねー」っていうムードができてると，多くの子はそういう〈社会的フンイキ〉に呑まれちゃって，〈自分の考え〉というのが何がなんだかわからなくなっちゃうんですよ。それで，「そうそう，確かにあいつはこうだよねー」と思いあたったりしちゃう。大人だって，そうじゃないですか。国会解散，総選挙なんてことがあると，政策の違いとか，その長期的な影響なんてよくわからないのに，スター的な政治リーダーがいると，そっちのほうにワァーッと，たくさん投票しちゃうみたいなことが

あるじゃないですか。

　子どもたちだって「菜津実はだめだよねー」ってなると，そのムードになっちゃってるんですよ。そういうムードのときは，違うことは言いづらいです。そんなこと言ったら，グループから追い出されるかもしれない。こわいですよね。学校の職員室でも，声のデカイやつがワーッと言って，「当然ですよねぇ」なんて言われると，もともとケンカしたがってる人は別として，「そうじゃないでしょう」とはなかなか言いづらいですよ。でも，実は一人ひとりの胸のうちはわからないんですよ。

　たとえば，仮説実験授業のときに〈実験したら，たったひとり，みんなと違う予想を選んでいてマチガッた子がいた〉というときに，口ではブーブー言われます。「ばかだなー」「意見を変えればよかったのに」とか。だけど，「そういうときに感想文を書いてもらうといいよ」ということを板倉さんに教えてもらったことがあります。で，一人ひとり感想を書いてもらうと，口で言うことと胸の内とは違うんだということがわかります。「ひとりではずれたけど，本当は，俺，あいつのことエライと思う」とか「私ならとてもがんばれないのに」とか，そういうことがジワーッと出てくるんですよ。だから，こういうときは口で答えてもらうんじゃなくて，それぞれに書いてもらうと，ちがった評価が見えてくるんですね。

2.〈正義感〉を出せる場を作る

　そこで，「〈思っていること〉が率直に出せる場を設定するのがいいんじゃないか」と思って，たとえば班長会を小川さんに

すすめたわけです。

先ほどの山路さんの話に「イジメは正義感から生まれる」っていうことがあって，それを知ってることはすごく重要なんだけど，〈正義感〉ってけっして悪者ではないんですよ。〈正義感〉ってむしろ大切なことです。だって，僕らが仮説実験授業をやるのだって，ある種の正義感からだもんね。「子どもたちに授業で楽しんでほしい」「自分のスバラシサを発見してほしい」って，それだけならただの〈願い〉だけど，「それを実現する方法がここにある」ということになると，「それなら，その方法でやるのが当然じゃないか」みたいな感じで授業書をやる。それも一種の正義感ですよね。子どもの苦しみを少しでも減らしたいもの。

だから，正義感というのは全然悪くないというか，すばらしいものですよね。すばらしすぎるから，「人によって，見方によって，〈それとは違うすばらしいもの（別の正義）〉がありえる」ということを忘れちゃう。そうするとおそろしいことになる。たとえばイジメですね。「イジメの背景には，それなりにすばらしい正義感がある」ということをちゃんと知っておかないと，対処のしかたを間違えることがあるからね。

だから，班長会では人それぞれの正義感とかやさしさにすがる余地があるわけだ。イジメる側が悪意だけで動いてるとしたら，そんなことは考えられないよね。

それで，先生が「〇〇ちゃんひとりだけでは，バス席困るよね」といったら，「担任として困っている」というだけじゃなくて，その原因がみんなの，それぞれのやさしさとか，みんな

の正義感にかかわってくるわけじゃないですか。人って皆，他人にやさしくしたいんですよ。正義感ってのも気持ちいいもん。だから，まず子どもにも正直に伝えればいいんですよ。でも，全体の場ではダメだから少人数のところで，「あの子，ひとりぼっちでかわいそうだよね。先生，困ってんだよね。何かいい方法ないかね」と言う。実際，小川さんがやったらいろいろ出てきたんですよね。最初は「○○ちゃんがいいかも」とか，他人のこと言ってたけど，「じゃ，私でいいよ」とか出てきたわけです。

　小川さんのこの問題には，そういうふたつの原則
　①〈言ってることと胸の内はウラハラ〉
そして
　②〈胸の内が出せる機会を作ってあげるのが重要〉
という原則が使えると思いました。

　授業では胸の内はたいてい感想文で聞くんだけど，授業でない場面では班長会とか少人数の場を設ける。そこで何をお願いするかというと「正義感ややさしさを発露できるキッカケ」をあたえてみる。そうすると，子どもたちから，やさしさやアイディアが出てくる。「本人に聞く」なんていう，小川さんも予想してなかった，もっといいアイディアも出てきたんですものね。

　「本人に聞く」という場面では，菜津実ちゃんが早紀ちゃんて子の名前をあげる。で，こんどは小川さんは早紀ちゃんを呼んで「菜津実ちゃんがこういうこと言ってるんだけど，どうで

すか？」って言うと、早紀ちゃんは、「えっ、本人がそう言ったの？」みたいなことを聞いて、「だったらいいよ」みたいなことを言ってくれるわけじゃないですか。早紀ちゃんて、すごくいい子ですよね。感動的な場面じゃないですか。抱きしめたくなるくらいのいい子なわけじゃないですか。

　でも、実は人は誰でもそういうところを持ってて、ただ、それを出せる機会があるかないかだけのことだと思うのね。だから、やさしさや正義感を発露する場面に出会いたいんですよ。

田辺「〈バスの座席は全日とも同じ〉という固定観念が教師にはあるよね。そのほうが管理しやすいとか。でも、別にいいんだよね、考えてみりゃ。どっからどこまではこの席で、あとは席替えしちゃおうみたいな」

3.〈子どもに聞く〉ときの原則

　ここではまだ整理できてないんだけど、〈子どもに聞くときの原則〉ってのがあるんだよね、何でも子どもに聞けばいいっていうわけじゃなくて……。よく、行事のとき実行委員会を作るじゃない、学級委員クラスを集めて。そのときに「みんなで決めてごらん」と言ってながら、ずるいよね、「自由」とか決まりそうになると、誘導尋問で戻したりするじゃないの。「君たち、本当にそれでいいのかな？」とか言ってさ（爆笑）。

　〈子どもに聞く〉というけど、小川さんのような事例でも、教室の全員のところで聞いたら、もう「菜津実ちゃん、いやだよね」というのがバンバン出てくる可能性もある。

　聞くときの原則というのは、まず〈場の問題〉——本人がい

たほうがいいのか，いないほうがいいのか？　全員の前がいいのか，少数のところがいいのか？

　「子どもに委ねる」というときも，「おのずと限界がある」というのなら，最初からそれは示しておかないとね。「ここのところを相談してほしい」って最初からはっきり言えばいい。「悪いけど制服で行くことには決まってるんだ。だけど，おやつや小遣いの範囲はみんなも楽しみだろうから，みなさんで相談して決めてもらいましょうか」とかね。

　学校といっても，いろんな人間が集まっているんだから，イジメでもなんでも，一般社会でおこるようなことが起こるのがあたりまえじゃないですか。そして，それはすごく多様だから，「そのときはこうするのが唯一のベストの方法」というのはないですよね。「まあ，この場合はこれがベストだろう」と思えることをやっていかなくちゃならないわけです。そして，その経験が別のときの自分に，また別の人にも役立つようなものとして残せれば，うれしいですよね。そのためには，一連の行動や反応を〈実験〉として考えていくしかないと思います。よくわからないことに取り組んでいかなくちゃならないんですから，判断や行動の結果についてアとかイとかウとかの〈選択肢〉をもって，「自分はアのようになるだろう」ということを前もって〈予想〉していくことが大切だと思います。そうでないと，あとで考えても，「思い出すのもいやだ」とか，「なぜかうまくおさまった」とかいうことしかわからなくて，誰も，自分でも，その経験から学ぶことができないんですよ。しかも，その途中

で,〈実験している〉〈対象に積極的に問いかけているんだ〉という意識がないと……つまり,〈実験〉なら,自分の予想がどうであっても,明らかな結果がでれば〈成功〉なんだけど,そういう視点がないと,ガッカリしたり,ムカツイたり,頭きたり,「こいつらなんでわからねえんだ！」と,子どもなり,家庭環境なりのせいにしちゃうんですよね。〈実験〉なら,予想外のことがおこったら,大成功でしょ。

小川さんの資料は,「問いかけてみたけどうまく行かなかった」ことも正直に書いてくれてるじゃないですか。すると,「うまくいかないのは,こういう問いかけをしたからなんだな」というのがわかるから,本人はちょっとガッカリするけど冷静になれますよね。「行き詰まって,もうどうしようもない！」という状態にならないですむんです。

「あっ,僕の問いかけがちょっとこれではダメだったから,じゃ,次の問いかけにしようか」などと,自分が先に進めるんですね。〈自分の予想を立てる〉ということは,〈結果が自分にもどってきちゃう〉から,そこがいいのかなという気がします。自分に戻ってきても,自分がそれほどザセツ感は感じない。「俺が悪いというよりも,俺の予想の立て方がちょっとダメだった。じゃ,次の選択肢に行こうかな」みたいに,進んで行けるのかなって思います。

よくあるトラブル その4

教育困難学級での授業

教師が〈崩壊〉しないために

佐竹 重泰
しげと

1．今までに経験したことのない事態

4月に転勤した学校で，クラス替えをしたばかりの6年生の子どもたちを担任することになりました。6年生担任は僕と教師歴数年の若い先生の2人です。

「転勤したばかりで6年生をまかされる」なんてことは，あまりないことだと思うのですが，今回は特別な事情があったのです。

「この子どもたちはこれまでの学年で何度か学級崩壊状態になっている」

「5年生でも大変な状態になり，担任の2人は交代しクラス替えもした」

「昨年，担任の先生が〈子どもに殴られる〉ということがあ

った」

「この子どもたちと関わって、休職している先生がいる」

「この子どもたちを担当していた専科の先生たち数名が、〈疲れた〉という理由などで、定年はまだ先でもあるにもかかわらず退職してしまった」

「新6年担任は希望者がなく、1人はなんとか決まったものの、もう1人はどうしても決まらなかった」

——転勤する前にこういう話を聞いてはいたものの、僕は最初、「そんなことって、ちょっと大げさに言っているだけなんじゃないのかなぁ」と、半信半疑でした。

しかし、その判断は、まるで甘かったのです。

始業式と、それに続く入学式に参加して、教員側のものものしい警戒シフトに驚きました。それにもかかわらず勝手気ままにふるまう新6年生たちの姿を見て、さらに驚きました。

それまで、「最初の時間は自己紹介からはじめよう」なんて考えていたのですが、そんな余裕はまったくなさそうです。いそいで予定を変更しました。

これまで、どの学年でも、いつやっても、すごく歓迎される自信のテーマといえば、仮説実験授業です。今回はその《空気と水》の授業書を用意して、1時間目にのぞみました。

しかし、子どもたちを教室の中に入れて、席にすわってもらうだけで、もうかなり疲れてしまいました。それから「え〜、ちょっと聞いてくださ〜い！」と叫んで、なんとか授業書をくばって……。はげしいおしゃべりと奇声、高笑いの中、「ちょっと聞いて〜！」を連発しながら、問題の説明と実験のやりか

たを説明しました。

「空のコップをさかさまにして，口のほうからまっすぐ水の中に入れたら，水はコップの中にはいるか」という問題です。「これはテストじゃないからね～！」と叫び，選択肢（ア．水がいっぱい入る／イ．ほとんど入らない／ウ．半分くらい入る／エ．その他）にマルをつけてくれるようにたのみました。

それから「自分の予想がどれか教えてくれる～？」といったのですが，教室がこんな状態では，聞いても無駄なような気がします。だいたい，選択肢にマルをつけてくれたかどうかさえ，確かめようがないのです。

それでも勇気を出して「予想がアの人？」と叫びました。

手は挙がりません。やっぱり。でも，さらにがんばって，「イの人？」と叫ぶと……なんと，大部分の人が，片手をちょこっとですが挙げているようです。31人。手が挙がったことに驚いたものの，騒音がやんだわけではないので，よろこんでいる余裕はありません。ウの「半分くらい」という人が1人。エはなし。数が一人足りませんが，もうそれどころではありません。予想の理由や意見を言う人もなく，予想変更もなし。即，実験へ。「正解はイです～！」と叫んでも，子どもたちの態度や表情に変化はみられません。

無力感におそわれながらも，討論などがないだけに授業書は先に進めます。けっきょく〔問題2〕〔問題3〕までやりましたが，はじめに僕が期待していたような反応は一切みられませんでした。「こんなの〈授業〉じゃないよ」と，正直，そう思いました。

普通はここで「今日の授業についての感想」を書いてくれるように頼むのですが，今回はその勇気がでませんでした。頼んだところで，白紙の束，いや，悪口の束かもしれない。そう想像しただけで，こわくなります。こんなことは長い教員生活のなかではじめての経験でした。

　しかし，です。これまで何回も「子どもの気持ちは聞いてみないとわからないもんだ」ということを実感してきた僕です。たとえ拒否されても，聞くだけは聞いておかないと後悔することになるんじゃないか……。自分で自分を無理矢理説得するようにして，感想文用紙を配りました。「今日の授業の感想を，できたら教えてくれませんか……」

　「何，これ？！」「〈楽しかった〉って書いときゃいいんだろ！」「俺は書かねぇ〜！」なんて叫んでいるのが聞こえました。それでもクラスの半分くらいの子どもたちは何か書いてくれました。ただし，その感想文は，恐ろしくて，すぐに読むことはできませんでした。

　2時間目以降のことは，「大変だった」ということ以外，ほとんどおぼえていません。

　教師としての僕の財産の中から「これぞ！」というものを用意していったはずなのですが，出だしからつまずいてしまったのです。極端な緊張と騒音とで，ぼーっとしていたようです。

　家に帰ってから，おそるおそる感想文用紙をめくってみました。やっぱり，「なにもない」「とくにない」「とくにない」という感想が3枚出てきました。がっくり。ところが，それにつづけて，「いがいにおもしろかった」「不思議だった」「科学の

授業を受けてみて，けっこうおもしろいことがわかって楽しかったです。けっこう興味があるって，カンジ」なんていう感想文が出てきました。

　特にびっくりしたのが，時間中は立ち歩いてすごく騒いでいた横山君が「今日のかがく（「仮説実験授業」を僕はこうよんでいる）のべんきょうは全部おもしろかったです」と，紙面いっぱいに大きな字で書いていたことです。けっきょく，白紙は少数で，たいていは簡単ではあっても，「実験がおもしろかったです」みたいなことが書かれていました。

　ほっとしたことは確かですが，なんか不思議な感じでした。

　ほぼ全員が騒ぎまくっていて，それで「授業がおもしろかった」なんていうことがあるのでしょうか。おもしろかったり不思議だったりして，あんなに無表情でいられるものでしょうか。それに，「〈楽しかった〉って書いときゃいいんだろ！」という叫び声が忘れられません。

　だから僕は，「感想文を見て，元気百倍」なんてことにはなりませんでした。でも，ほかに頼れるものが何もないのです。

　《空気と水》の授業は，4月の第3週に終わりました。「終わった」というだけで，騒音も奇声も立ち歩きもおさまったわけではありません。毎日毎時間，僕は「立っているのがやっと」という状態で，その当時はメモをとることさえできませんでした。この文章も，6月中頃になって書き留めはじめたメモをもとにしているのです。6月には事態が改善していたわけではなく，そのころには「もしかすると，これで僕は死んでしまうかもしれない」なんて思うようなこともあり，「それなら，何か

記録を残しておかなければ」と思ったのです。

　理科以外の時間には、もう、無我夢中で、知っているだけのたのしそうなネタを並べました。それも、「ともかくあきないように」ということで、1時間を3テーマくらいに分けてすすめました。たとえば、国語なら「朗読を聞く／テンまる読み／漢字ドリル／視写」などを組み合わせていくのです。ドリルは、ほとんどが「マッキーノ」(『たのしくドリル　マッキーノ』仮説社、参照)でした。……ただし、「こういうことをやったら、うまくいった」というのではありません。何をやっても、僕には変化が見られないのです。目をはなすと危険なことをしでかす子が何人もいるので、おちおち下を向くこともできません。これは疲れるというか、本当につらかったです。

　《空気と水》が終わったとき、「この授業書全体をとおしての感想と評価」を書いてもらいました。このときも、じつは「書いてもらうべきかどうか」、こわくてこわくて、とても悩みました。書いてもらったものも、やっぱり、すぐには読めませんでした。

　夜おそくなってから、やっと感想文を読み始めました。すると、その「たのしさ評価(5段階)」は下のようだったのです。

　え～～～～?!　信じられな～い!　⑤と④で9割だなんて!　①と②がいないなんて!　それに、全員が回答してくれたなんて!

《空気と水》たのしさ評価

| ⑤とてもたのしかった …16人 | ④たのしかった …13人 | ③2人 | 不明2人 |

②つまらなかった／①とてもつまらなかった…なし

　多くの子どもたちは、「たのしかった」「これからもこういう

授業をしてください」なんて書いてくれていました。さらに，数は少ないけれども，授業の内容についてのまとまった，うれしい感想もありました。

そういえば，「科学」の時間だけは，「席につかせる手間」が，他の時間よりも簡単になってきたような気もしました。

もっとも，こういう〈うれしいこと〉はほんの瞬間的な，蜃気楼みたいなもので，まばたきでもすれば，「そんなことが本当にあったとは信じられない」というような〈日常〉が待っていたのです。

新学期開始から2週間で，僕と一緒に転勤してきた先生（他学年担任）が休職していました。その1週間後には，こんどは5年6年を担当していた専科の先生が「6年生の授業は私には無理です」と言い残して退職していきました。学校は大混乱だったのです。

隣のクラスも大変な状態だったようですが，僕自身が倒れないでいるのが精一杯で，とても力になれる状態ではありませんでした。休み時間や給食の時間なども含めて，奇声や高笑い，騒音が続き，しばしば教室の壁を足で蹴飛ばす音が「ド～ン，ド～ン」と響いているのです。「授業がやりにくい」なんていうものではありません。《空気と水》のうれしい評価は，授業場面を思い浮かべると「信じにくい」のです。ただ，心の奥底では「最後の拠り所」になっていったのです。

2．大変な状況に疲れはてて

5月に入ると，下旬に予定された運動会を目指して練習がは

じまりました。

　6年生は組体操をすることになっていたのですが，予想していたとはいうものの，4種類ある隊形の最初の隊形1（背の順に並ぶ）に集まることができないのです。いくら指示を出しても，男女とも校庭で好き勝手に遊んでいるのです。

　水道の水をいくつも出して噴水状態にしてかけあったり，鬼ごっこをして校舎内に逃げていったり，地面に座っておしゃべりをしていたりする子どもたちがいっぱいで，気がつくと体育倉庫の屋根にのっている子までいます。それを，僕があちこち叫んで（時に暴言をあびながら）歩き，なんとか「ほとんどの子が並ぶ」というところまでに20分以上かかってしまうのです。

　ところで，運動会の練習は毎日多い時で2時間から3時間あります。その毎時間がこんな状態なので，僕はだんだん朝ご飯も喉を通らないようになっていきました。正直，学校に行きたくありませんでした。なんとか学校に行っても，朝から疲れきった感じで，職員室でも誰ともしゃべらなくなってしまいました。椅子に座ると，気がつかないうちにすっと寝てしまっています。3月から比べると体重が5キロも減って，ジーンズがゆるゆるになってきました。

　そんなことが続いたある日のこと，夕食が終わって黙って下を向いている僕に，小学生の娘が「お父さん…」と話しかけてきました。僕が「今，疲れているから」と言うと，突然娘が声をあげて泣き出してしまいました。「お父さん，ずっと疲れているみたいだったから，話しかけるのを我慢していたの。でも，〈今ならいいかなぁ〉と思って話しかけたのに…」

そういえば，最近は家で家族ともしゃべっていなかったのです。娘には「ごめんね」と言うしかありませんでしたが，でも，どうしていいかわかりません。「いっそ，クラスの保護者の誰かがこんなクラスと僕の状態を見て，〈こんな先生ではだめだ！　担任を変えろ！〉と教育委員会に訴えてくれたらなあ」なんて，半ば本気で思ったりもしました。

3．担任の願いとリーダーシップ

　僕の頭はぼうっとしてきて，判断力も鈍っているのが自分でもよくわかりました。友達にひどい言葉をあびせたり，蹴とばしたりする子がたくさんいます。でも，「いったい何をどんな風に注意したらいいのか」ということがまったく分からなくなっていたのです。

　そんなとき，同じサークルの小原茂巳さんは，僕の悩みにこんな風に答えてくれました。（以下，全て僕の記憶による）

●〈担任の願い・目標〉も掲げる

　学級目標を子どもに決めさせる先生が多いと思うんだけど，それと一緒に担任の先生の目標，担任の先生の〈願い〉っていうのも掲げた方がいいよね。

　例えば，「人の嫌がることはダメ。みんなが気持ちよく安心して過ごせる教室をめざします」とかね。

　元気な子どもたちがいっぱいいるクラスっていうのは，子どもたちは好き勝手なことやっているようだけど，〈本当のことが言えない世界〉になっているので，実は子ども

たちも苦しいんだよ。大きな声の元気な子たちがクラスを支配しているからね。

そういう状態の時は,「安心してくらせるクラスにしたい」なんていう目標は,子どもたちの方からは出せないよ。だから,〈先生の役目〉として,〈担任の願い〉を言った方がいいね。「〈安心して過ごせるクラスにしたい〉っていうのが,僕の担任としての目標です」って。こういうことは言わないとダメだよ。

それで子どもたちは,「あっ,そうか。そういう風にしたいから,この先生はいろいろ言うのか」って気づけると思うんだ。

● 〈教師の反応〉を見ている子どもたち

いくら元気な子どもたちがいっぱいいるといっても,クラス全体の方向は,秩序を保つ方向へもっていくようにした方がいいね。そのためには,〈怒る〉っていうことだけじゃなくて,〈この先生はリーダーシップをとる先生だ〉ということを,子どもたちに対して行動で示したほうがいいよ。

例えば,席に座らない子がいて,それが他の子どもたちの授業の迷惑になっているのなら,その子が席に座るまでは先生の方も譲らないとかね。それで,その子にグジュグジュ文句とか暴言をはかれても,怒ってキレるんじゃなくて,「はいはいはいはい…」とでも言いながら,こちらがリーダーシップをとってどんどん進めていくことが大事だよ。

それでもダメな場合は，実際にやるかどうかは別としても，〈その子を放課後残して指導するというところまで，きちんとやる教師なんだ〉ということを他の子どもたちに見せる必要もあるんだよ。
　そういういくつかのことを繰り返しながら，この先生は，「みんなが気持ちよく安心して過ごせる教室をめざす先生なんだな」ってことを子どもたちに伝えていくといいね。そして，ここが大事なんだけど，他の子どもたちは，そういう〈子どもたちに対する先生の対応〉を見ているからね。
（小原茂巳さんにはその後もたびたび適切なアドバイスをいただきました。そこで，以下にその要旨を記録しておくことにします。小原さんの言葉は字下げして，タテの点線をつけておきます）

4．授業運営法から学ぶリーダーシップの取り方

　たしかに，僕は子どもたちと〈たのしい授業〉をしたいんだけど，授業中に話を聞いてくれる状態にならなくっちゃ，それもできないもんな。
　でもなぁ，〈リーダーシップをとる〉っていうのと，〈威張っている〉っていうのがなんか似ているようで，区別がつかないんだよなぁ。どういう所は〈自由〉でよくて，どういう所は〈束縛〉した方がいいのか，まだちょっとわからない。
　そんな僕の疑問に，小原さんは続けて次のように答えてくれました。

● 〈教材の提出権〉は先生,〈評価権〉は子ども

　仮説実験授業の場合,〈子どもが主人公です〉っていうけど,それを〈先生が子どものいいなりになる〉ということと勘違いしちゃうことがあるんだよね。

　〈子どもが主人公〉っていうことで,自由に任せてほったらかしにしておくんだったら,先生の役目ってなくなっちゃうよ。子どもが主人公になれそうなテーマを提出したり新しい文化を示したりして,それから「楽しかったですか？　あなたにとってよかったですか？」っていう風に子どもたちに聞いてみる。

　それで,子どもたちが「楽しかったな。いいこと教えてもらったな」と言ってくれて初めて〈子どもが主人公〉ってことになるんだよ。〈教材の提出権〉は先生の方にあっても,評価するのは子どもたちだね。

● 〈束縛〉と〈たのしさ〉

　それから,スポーツの試合にもルールがあるでしょ。〈ルールをきちんと守る〉ということと〈たのしい授業をする〉ということは矛盾しないよ。もし,ルールがなかったら,スポーツもつまらなくなるでしょ。

　〈ルールを守る〉っていうことでいえば,僕も子どもをうまく管理するのは苦手な方なんだけど,仮説実験授業の授業運営がその上手な管理の仕方を教えてくれているよ。〈子どもが主人公の授業〉っていうけど,みんなが気持ちよくなるための〈束縛〉っていうのを,仮説実験授業はきちんと与えているからね。

まず,「何を学ぶのか」ってことが一番重要でしょ。つまらないことをしつこく教えられたら,たまらないものね。テーマを束縛して,それから,先生はちゃんと問題を読んで,問題の内容を知ってもらわないことには楽しく学んでもらえないから,すごくがんばるよね。「ここは読む」「ここでは選択肢の一つを選んでマルつけてもらう」「ここでは手を挙げてもらう」——そういう束縛は〈楽しさ,自由につながる束縛〉だから,ないと困るんですよ。そういう,〈あったほうが楽しくなる束縛〉についても誤解のないようにまとめたのが〈授業書〉だね。

●司会者としてのリーダーシップ

　授業書があっても,子どもたちは「束縛されてる」なんて考えないでしょ。じっさい,〈討論〉のところでは子どもに自由にやってもらえばいいんだけど……。でも,友だちの言うことをまるで聞いてない子がいたら,先生がまたがんばって,「ちょっと,先生も聞きたいからさぁ,みんな聞こうよ」って感じで,〈司会者としてのリーダーシップ〉を発揮しないといけないでしょ。もともと僕は〈ただビシッと厳しくやる〉のは苦手だけど,どういうところで束縛してよくって,どういうところで自由にさせていいかがよくわからなかったんだ。そういうことを,僕は仮説実験授業をしながら,授業書と子どもたちに教えてもらったんだよ。それが,「仮説実験授業以外の場面での対応」みたいなところでも生きているのかなって思うんだ。

なるほどなぁ。「たのしい授業をするために〈束縛〉する」かぁ……。そう考えると，〈威張っている〉と〈リーダーシップ〉の違いがおぼろげながら見えてきました。それで僕は次の日，友だちのことを蹴っ飛ばしている子を見つけた時に，クラス全体の子どもたちに向かってこんな風に話をしました。

　「先生は，どんな理由があっても〈暴力〉や〈人が嫌がること〉は絶対に許しません。先生の目標は「みんなが安心して過ごせるクラス」です。今，暴力していた人も含めて，先生は全員のことが大切です。だから，この先もこういうことはすごく怒ります。

　ただ先生は，学校にみんなのことを怒るために来ているんじゃありません。みんなと1時間でも多く〈たのしい授業〉をしたいと思って来ています。だから〈暴力〉や〈人の嫌がること〉と〈授業中，他人の迷惑になること〉は，この先も怒ります」

　こんな僕の話を，子どもたちは珍しくシーンとして聞いてくれました。これには，ちょっとビックリです。

5．以前よりも授業の評価が下がってしまった

　さて，理科では，《空気と水》の後，運動会の練習でしばらく間があきましたが，5月の3週から《もしも原子が見えたなら》の授業をしていました。そして，6月の中旬に授業書が終わり，子どもたちに評価を聞いたら次のようになりました。

（5段階評価　③は，〈どちらともいえない〉）

⑤と④で28人です。冷静に考えれば，クラスの84％の子どもたちが「楽しかった」という評価をしてくれていたのですから，大喜びするはずです。ところが，この時の僕は正直，この評価を心の底から喜ぶことが出来ませんでした。

《もしも原子が見えたなら》たのしさ評価

⑤とてもたのしかった …14人	④たのしかった …14人	③…5人

②つまらなかった／①とてもつまらなかった…なし

それはなぜかというと，「僕にとって自信のある《もし原》の授業なのに，⑤の人数が少ない」ということと，「このクラスで4月にした《空気と水》の評価より⑤の人数（16人だった）が下がっている」ということが気になってしまったのです。

「そんなこと気にするなんて，ぜいたくすぎるよ〜」と言われそうです。確かにそうです。でもこの時の僕は，目の前のめちゃくちゃなクラスの状態にまったく自信を失っていたのです。「希望」を求めて血眼になっているつもりでも，「希望のタネに気づく」ということは，心にまだ多少の弾力性が残っていないとできないような気もします。

当時は，「〈めちゃくちゃなクラス〉の子どもたちは，みんな，いつもめちゃくちゃ」という判断にとらわれていたようです。じっさい，この頃，子どもたちはさらに，僕がびっくりするような事件を次々に起こしていました。

例えば，直径10cm程の雨樋にしがみつきながら3階から2階へ降りたり，地上3階くらいの体育館の屋根に乗ったりする子どもたちがいました。3階の廊下の窓を伝わって隣の教室から隣の教室の窓へ移ったり非常階段へ出る子もいました。とても

危なくて目が離せません。

　またちょうどこの頃，地域の町民会館で，他の学校の6年生との合同音楽会が行われました。この時，この学年の噂を聞いた他の小学校の先生たちが2階のこの子どもたちの席の周りに立って目を光らせていました。それにもかかわらず，消しゴムのカスや紙くずが1階席に乱れ飛ぶというひどいことになってしまいました。

　なお，6月半ば，理科では《もしも原子が見えたなら》が終わり，すぐに《自由電子が見えたなら》をはじめました。また社会科でも，仮説実験授業《生類憐みの令》をはじめました。これは，「クラスの状態がよくなってきている」という見通しがあってのことではありません。いよいよわけがわからなくなって，「出来そうなこと，たのしそうなことなら何でもやらなくちゃ」という追いつめられた状態だったのです。

　校長さんに無理におねがいして，しばらくの間，僕のクラスにボランティアの「アシスタントティーチャー」に来ていただくことにもなりました。

6．51点以上なら〈よし〉としよう

　クラスの状態は，よくなるどころか，どんどん悪い状態になっていっているような気がしていました。それで，「もう，これ以上担任を続けるのは無理かも」と思ってたのですが，そんな僕をホッとさせてくれたのは，小原茂巳さんの次のような言葉でした。

●評価基準は前もって決めておくこと

　こういう特別な時には，評価の基準を今までと同じにしていると辛いよね。「この前のクラスと同じくらいには」とかじゃなくて，「こんどのクラスの評価基準は7割とか6割とかに下げる」ということも必要だよ。それと，「あらかじめ評価基準を決めておくこと」も大切だよ。自分の中で，「6割の支持でいいじゃないか」とか決めておかないと，7割の評価をもらっているのに，「あぁ，7割かぁ，残念」って思っちゃうよね。あらかじめ〈6割〉って決めておけば，「やったぁ，7割の子どもたちからいい評価をもらえた」って思えるでしょ。ただ，目標は過半数をきらないところで立てたいよね。過半数きるのは寂しいよね。

　たしかに，その通りです。今までのクラスのようにいかなくてもしょうがありません。だって，〈困難学級〉なんですから。

　そこで僕はこんな風に考えました。「今年は，100点満点中の51点でもいいじゃないか」

　ここでいう〈51点〉というのは，「〈授業や担任としての評価〉が半分よりちょっとでも上回ればよしとする」という意味です。

　これでも，正直言って「達成可能な基準」とは思いにくかったのですが，「でも，過半数きるのは寂しいよね」ということで，「なんとかやれそうなこと」を考え直してみることにしたのです。

　まず，給食や休み時間，集会や朝会時のおしゃべり，専科の時間のめちゃくちゃな様子，体育の時間の授業にならない状況

を「今すぐ変えよう」と考えることは諦めました。「何も注意しない」ということではなく，注意したからと言って「〈変化がすぐに起きること〉を期待しないように」ということです。

　そして僕は，授業，それも〈仮説実験授業〉などの，子どもたちにたのしんでもらえる自信のあるものだけを一生懸命やってみようと思ったのです。

　あれやこれや，気にしがちな僕です。でも，「ほとんどのことは，どうでもいいことにしよう」と思ったら，何か一つ肩の重荷がとれたようで，ちょっぴりすっきりとした気持ちになれました。そしてやっと，「この大変な状況を素直に受け入れるしかないよな」「できることをこつこつとやっていくしかないよな」と思えるようになったのです。

　そのせいか「大変な子どもたちのかたまり」のなかに，やっと，「個性をもった子どもたち」の姿が見えてきました。騒がしいのは男女ともですが，女子のほうは，手紙を書いたり，となりの席の子とおしゃべりをしたりするくらいで，たわいないとも言えるのです。男子のほうは4人の大物によって3グループにわかれているようですが，じつは大部分の子が「便乗して騒いでいるうちに，それが習慣になってしまった」という感じでした。

　そうは言っても，数年間で身に付けた習慣は岩盤のようです。そのために，6年生にしては行動面の幼さが目につくし，学力は低めで，ばらつきの幅がとても大きいことが印象的でした。

　そんな「岩盤」を，僕がすぐにどうにかできるなんて考えるのは，とんでもない勘違いだったのでしょう。でもそういうこ

とは，一人で悩んでいるだけだったら，気づけないことだと思いました。間違いなく「病休」コースを歩んでいたでしょう。

8．大きな進歩に気づいた

7月の半ばには《生類憐みの令》が終わりました。これは週に1時間，〈社会〉の時間にやった授業です。4時間ほどで終わった，「仮説実験授業をやりました」というのも恥ずかしいような気のぬけた授業だったはずなのですが，大部分の子どもたちは「たのしかった」と評価してくれました。時間中，「興味をそそられた」なんていうソブリはまったく，一度として見えなかったのに，です。

《生類憐みの令》たのしさ評価

⑤とても …10人	④たのしかった …17人	③ 4人	②

①とてもつまらなかった…なし

ほぼ同時進行していた《自由電子が見えたなら》の授業はどうだったでしょう。

この授業は，「豆電球とブザーをつないだ回路の間にいろいろなものをはさんでいき，〈電気が通るかどうか〉（電気が通るとブザーがなる）という実験をしながら自由電子のイメージがもてるようになる」という，やはり僕のおすすめの授業書です。

しかし，やはり子どもたちは「引き込まれた」とか「盛り上がる」ということにはなりませんでした。思い返してみると，4月当初のような立ち歩きや激しい騒音は減ってきたような気がします。ところが，こんどは「やや無気力，しらけた雰囲気」がただようようになっていました。机に伏せて寝ているように

見える子どもたちも6〜7人います。近くの席の子としゃべって笑っている子どもたちも6〜7人います。もちろん, ときどき奇声をあげる子どもたちもいます。

僕が授業書を配って読んで, 予想を聞いて, 実験して……。予想変更も意見もありません。実験をする時のブザーの「ブ〜」という音だけが教室の中に何度もむなしく響きます。そんな感じで, すごいスピードで淡々と〔問題〕が進んでいきました。

実験の後に「やった〜！」なんて歓声があがらなくても, ちょっとしらけたような雰囲気でも, ともかく〈授業が進む〉のですから, 「これは大きな進歩だ」と思いました。

しかも, この授業書が終わりに近づくころになると, 教科書の授業でも（教室内で僕がする授業に限り）座席にすわっている子が過半数を超えることも珍しくなくなってきていました。

9. 過半数を超える評価に「うれしい！」

こうして, 7月の中旬に《自由電子が見えたなら》の授業は全て終わり, 子どもたちに評価と感想を書いてもらいました。

結果は？

「つまらなかった」という①も②もナシ。「たのしかった」という⑤と④で29人。やった〜！！

授業中, 眠っているように見えたり, おしゃべりしている子どもがあんなにいっぱいいたのに, 実はこんなに多くの子ども

《自由電子が見えたなら》たのしさ評価

⑤とてもたのしかった …12人	④たのしかった …17人	③ 3人	欠席1人

②つまらなかった／①とてもつまらなかった…なし

たちが授業を楽しんでくれたなんて！ うれしいな！

もし，あらかじめ評価の基準を決めておかなかったら，「《もしも原子が見えたなら》の評価より⑤の人数がさらに下がってきているなぁ」なんてことが気になっていたことでしょう。

でも，この時の僕は，この評価をすごく嬉しく思えたのです。

「評価基準を前もってきめておく」ということは，「ハードルを低くして自分をなぐさめるため」ではなく，「〈現実〉と〈思い込み〉のズレ」を修正するために，どうしても必要なことだったのです。

10. 移動教室も大変だったけれど

理科の授業の評価を見てちょっとうれしくなったとはいうものの，クラスの状況が大きく変わったわけではありません。

夏休み直前の移動教室でも，トラブルが絶えませんでした。2クラスに8人の大人がついていったのに，宿舎では夜中に新品のテレビが壊されたり，ハイキングの途中で殴り合いが始まり骨折をする子が出たり。見学先の施設に行くことすら，当日の朝再検討しなくてはならないほどでした。

宿舎のスタッフの人たちには，「こんな学校，今まで見たことないですよ。思い出に残る学校になりますよ」と嫌みを言われました。

また，「元気な子どもたちには慣れているからまかせておいてください」というベテランのネイチャーガイドの方も，途中からまったくガイドが出来なくなってしまいました。そして最後には「こんな大変な子どもたち，見たことないよ。先生，大

変だね。体壊さないようにね」と，僕たちがなぐさめられたり。2泊3日の移動教室の中で僕の睡眠時間はたったの2時間という状況でした。

　また，体育など〈教室以外でする授業〉は，相変わらずまったく〈授業〉になりません。休み時間や給食の時間などの大騒ぎや，朝会・集会時のおしゃべりもまったく改善しません。

　ただ，〈仮説実験授業についての評価〉だけが，この時の僕には大きな希望になっていました。そして，疲れているにもかかわらず，「夏休みはないほうがいいなあ」と，かなり切実に思っていました。

　僕はようやく，「子どもたちの反応」の中に，ちょっぴりですが「うれしいこと」を発見できたのです。子どもたちはむちゃくちゃだけど，科学の授業のときだけは，僕を受け入れてくれそうな気配が感じられるのです。この状態がつづけば，もっと信頼関係を深めていけるのじゃないか。——だから，夏休みで接触の途切れることがとても怖かったのです。

　でも夏休み。僕は新学期の〈たのしい授業〉を目指して，資料あさりに懸命でした。

11. 殴られちゃった！——夏休みあけ

　夏休みが終わり，2学期が始まりました。アシスタントの方はひっぱりだこで，もう僕のクラスにずっといてもらうわけにはいかなくなっていました。

　9月末には大きな行事の一つである〈子どもまつり〉があります。「6年の出し物はお化け屋敷」という伝統があるらしく，

アンケートをとっても，やはり「お化け屋敷をやりたい」ということでした。

　といっても，何の練習をするわけでもありません。前日になってやっと多目的室で飾りや衣装の準備をはじめたのですが，その最中に高森君が，新聞紙を丸めてチャンバラを始めました。その上，友だちの準備しているものを壊したり，勝手に他のクラスの授業に入ったりしていたので，僕は廊下にいた高森君に注意をしました。

　「高森君，他の人の迷惑になることはダメだよ。みんな，一生懸命に準備しているんだから」

　それに対して高森君は，突発的に「うるせぇんだよ！　来るんじゃね〜よ！　うぜぇな〜！」と，叫びだしました。

　高森君のこういう唐突で乱暴な言動は毎日のことで，それは他の先生たちに対しても同じです。ちょっとムッとした僕は「そういう失礼な言い方はするな！　何度も言っているだろう！　先生はそういう言い方は嫌なんだ！」と言い返しました。

　高森君は，さらに興奮して「くせぇ〜んだよ！　来るんじゃねぇよ〜！　死ね〜！　消えろ〜！」と叫び，僕もまた大きな声で「なんだ，その言い方は！」なんて言ってしまいました。

　高森君はこれまでも，興奮した時には場所を変えると気持ちが落ち着いてくるということがありました。そこで今回も場所をかえようと思い，僕は「いい加減にしろ！」と怒鳴りつけたあと，「ちょっと会議室に来なさい！」と言いました。しかし今回はいつもと反応が違いました。高森君は「うぜぇ〜んだよ！！　行かね〜よ！！」と叫びながら右手で僕の胸にパンチを

してきたのです。それも3発。

　痛い！　と思うのと同時に，ショックでしばらく頭の中が真っ白になってしまいました。22年間，〈先生〉という仕事をしていて，〈担任している子どもに殴られる〉ということはこれまでなかったことです。痛さより，「信頼関係が全くなくなってしまったのか！」という思いのほうが強烈でした。

　高森君はまだ殴ってこようとするので，しかたなく腕を押さえました。興奮して泣きながら暴れる高森君の体を抱きかかえるようにして，僕は廊下の少し先にある職員室へ連れて行くことにしました。その間にも，あごに頭突きを2回されてしまいました。

12. 言葉は使わなくても「問いかけ」はできる

　その後聞いた話では，高森君は，校長室で話を聞いてもらったら気持ちが落ち着いたようだということでした。そして，校長先生から「暴力は絶対にいけない」という話をしてもらい，30分程してから子どもたちと準備をしている僕の所に戻ってきました。

　高森君は僕を見つけると，「殴ってすみませんでした」と，小さな声で僕と目を合わせないで言いました。そんな高森君に僕は，なんと言っていいか分からず「うん」と言うのが精一杯でした。

　その後，管理職の指示もあり，保護者に連絡をして事実を伝えました。話を聞いたお母さんは，電話口の向こうで「すみませんでした」と何度も言っていましたが，僕もまだショックか

ら立ち直れない状態だったので，数日後にあらためてお話することにしました。

次の日の朝，教室に入って授業を始めると，教室の後ろの方からブツブツと声が聞こえてきます。

「ったく！……佐竹はすぐに電話してよぉ〜」

それは高森君でした。怒った顔をして近くの友だちに一方的に話しかけています。どうやら昨日お母さんに電話をしたことを怒っているようです。

この日もいつものように近くの席の子にしつこくちょっかいを出していたので，僕が注意をしました。すると睨みつけるような目つきで「うるせぇ〜」と，言い返してきました。そんなことで，僕はまたまたすごく落ち込んでしまったのでした。

数日後，学校で，お母さんとあらためて今回のことを話しました。そして，実はお母さん自身も高森君に対してどう接したらいいか悩んでいるということでした。

そんなことがあった後，小原茂巳さんはこんな風にアドバイスをくださいました。

●大事なことは「きちんと」「繰り返し」伝える

まず，佐竹さんが，「〈暴言は嫌だ〉と思っている」ということを高森君にきちんと伝えた方がいいね。〈きちんと伝える〉っていうのは，廊下などで伝えるのではなく，別の部屋などに一人だけ呼んで話をしないとだめだよ。そんな風に，おちつける場所も選んで，佐竹さんの気持ちや考えが相手にきちんと伝わるようにしないとね。

それから，1回注意しただけではダメだよ。仮説実験授業の授業書もそうで，問題をいくつも繰り返して自分の今までの経験と科学の論理を対峙させていくでしょう。だから，こういうことも繰り返し教えていってあげるしかないよ。

◉悪態つきながらも進歩する

　それと，「〈うるせ〜！〉などの悪い表現をしているにも関わらず，実は〈いい方向〉へ前進している」ということもあるよ。例えば，僕の子育ての経験から言うと，親が何かを注意して，思春期の子どもなんかは「うるせ〜！」って言うことがあるけど，その後「その注意したことをしなくなっている」ということがあるんだ。もちろん，一時的には関係が悪くなることもあるけどね。

　だから，クラスの子が「うるせ〜！」なんて言いながらも，ある種のことをしなくなったら，それは前進なんだよ。そこをほめたり，時にはその前進ぶりをお母さんに伝えたりしてもいいね。

◉問いかけてチェックする

　1回注意しただけではダメなんだから，注意するとか，ゆっくり話すとか，いろんな問いかけ方をして，その一つ一つがどう影響するのか，影響しないのか，そこを楽しんでいくしかないね。そして，〈変わったか〉〈変わらないか〉ということを見極めるには，いくつかの〈チェック〉をするといいんだよ。ただ何となく見ていても変化は見えてこないからね。

じゃぁ，どうやって〈チェック〉したらいいかっていうと，例えば，①言葉，②感想文，③態度，などがあるかな。これらのことが〈どう変化したかしないか〉をチェックしてみたらいいんじゃないかな。
　ただし，〈変わるか変わらないか〉を見極めるには，少し時間をおいた方がいいよ。急には変わらないことも多いからね。

　なるほど，仮説実験授業だって「評価と感想文」を書いてもらうことで，「授業」という教師の問いかけをチェックしているんだもんな。予想をもって問いかけないと，「いい信号」も見落としちゃうんだ，きっと。こういうことって，授業以外の時にも当てはまることがあるな。

14. 場所と雰囲気を変えて話す
　僕はまず高森君一人だけを会議室に呼んで，こんな風に話をしました。
　「これから注意された時に，先生に言いたいことがあったらちゃんと普通の言葉で言ってほしいんだ。先生もきちんと高森君の話を聞くからさ。注意されて頭にくる気持ちはよくわかるけど，でも〈死ね〉とか〈消えろ～〉とか〈うるせ～！〉とか言われると，先生も人間だからやっぱり嫌だよ。だから，そういう言い方はやめてほしいし，それでもそういう言い方をした時には，先生はやっぱりこの間のように怒るよ」
　そんな風に〈やめてほしいことをお願いする僕〉に，高森君

は一言「分かった！」とだけ言いました。

　そして，それから約1週間。なんと，ちょっとした変化が見えてきたのでした。

　例えばそれまでは注意をすると，「消えろ！」とか「死ね！」「うるせ〜」なんて言っていたのに，1週間ほどして，僕が注意をすると，「わかったよ！」と，大きな声で一言いうだけになってきたのです。こんなこと，今まではなかったことです。

　そして，そのうちにその「わかったよ！」の一言も，大きな声から普通の声の大きさに変わってきたのでした。「うるせ〜」とか「死ね〜」などの，僕に対する暴言は確実に減り，「わかったよ！」という言葉に変化していったのはうれしい驚きでした。

　もちろん，変わらないこともたくさんあります。掃除の時間にプラスチックの入れ物を壁に投げつけたり，体育倉庫の屋根にのぼったり……。

15. 予想を立てて問いかける

　〈子どもまつり〉が終わって，9月の末から僕は仮説実験授業《宇宙への道》を始めました。

　教室の中には相変わらず寝ているように見える子，近くの子とおしゃべりしている子，手紙を回している子などがいます。もっとも，「問題の説明をするからちょっと，こっち見てね〜」と言うと，その時はこちらの方をちらりと向いてくれるようにはなってきているのですが……。

　さて，《宇宙への道》の1時間目。本物の地球の1億分の1

の大きさの模型（直径130センチにふくらませた気球）を使って，「〈世界一高い山〉，〈世界一深い海溝〉が，この模型ではどのくらいになるか」を予想する問題でした（授業書の7ページですが，反応がないので，どんどん進むのです）。

　授業の後で，子どもたちに書いてもらった感想文用紙を見ていると，「楽しかった」という感想文に混じって，「驚いた」という感想文がいくつか出てきました。うれしいことに，この頃になると，少しずつ自分の気持ちを書いてくれる子どもの数が増えていたのです（僕も，夜中にならなくても読めるようになっていました）。

　高森君の感想は……。いつもなら，名前だけであとは白紙ということが多いのですが，なんとこの時はぐちゃぐちゃの字だけど大きく「たのしかった〜」と書いてあったのです。

　え〜！？　一言だけど，うれしいな〜！　やった〜！

　どうして高森君がこんな風に書いてくれたのかは分かりません。でも，僕はとってもうれしかったので，次の日に高森君が一人でいるところをつかまえて，「感想文に〈楽しかった〉と書いてくれてうれしいよ」と伝えました。

　僕は，高森君ではなくても，嬉しいことがあった時には，チャンスをみてその子に僕の〈嬉しい〉という気持ちを伝えるようにしています（これも小原茂巳さんがされていることを真似しているものです）。そして，この時，高森君が一人でいる時をわざとねらって伝えたのは，「友だちの前で誉められるのは，もしかしたら嫌かもしれない」という予想があったからです。

　僕の言葉を聞いて高森君は，表情を変えずにこくりとうなず

いてくれました。そして，なんと次の時間も高森君はぐちゃぐちゃの字で一言「たのしかった」と，書いてくれていました。

さて，《宇宙への道》が始まって３時間目のことです。この日も授業の後に感想文を書いてもらったら，高森君は用紙の真ん中に大きく自分の名前を書いています。

あ〜，また名前だけになっちゃったんだなぁ〜。

そんな風に思って，次の子の感想文を読もうとした時のことでした。高森君の感想文用紙の左の一番上の隅に何か小さく書いてあるのが目に留まりました。

なんだろう？　鉛筆の汚れかなぁ？

よ〜く目を凝らしてみて見ると…　あ〜！　こんな所に小さく「たのしかった」って書いてある〜！

なぜ，こんな風に小さく書いたのかはわかりません。でも，とにかく高森君がこれまでこんな風に何度も続けて〈自分の気持ち〉を表現してくれたことはありませんでした。だから，とってもうれしくて，次の日に高森君を見つけると，「感想文の小さな文字，見つけたよ。ありがとう」とだけ言いました。

僕の言葉を聞いても，高森君は何の反応もないように見えました。

ところで，高森君の感想文，その後どうなったと思いますか？　実はその後，用紙のどこかに小さな字で「たのしかった」と書いてある感想文が続いたのです。例えば，自分の名前が大きく書いてあって，その中に「たのしかった」の文字が隠れていたり，左上の隅が黒く塗りつぶされていて，よく見ると，左下の隅に文字が書いてあったり……。毎回「たのしかった」の

文字を探すのが楽しみになりました。そんな「感想文遊び」は数回で，また白紙感想文にもどったのですが，うれしい記憶は残りました。

　殴られた事件以来，「高森君に嫌われちゃったかな」って思っていたけど，もしかしたら，高森君だって「先生に嫌われちゃったかも」なんて思ってなかったかな？　そんな考えは甘すぎるとしても，小原さんの言葉にあった〈感想文でチェックする〉っていうことから考えると，この高森君の感想文って，いい方の信号なんじゃないかな。

　あれっ！？　僕は「どう接したらいいか」と悩んでいたはずなのに，気がついたらいつの間にかまた高森君とコミュニケーションをとることができるようになっちゃっているな。不思議だな。

　そして，《宇宙への道》の授業は11月の末で終わり，いつものように「評価と感想」を書いてもらいました。

　⑤9人，④15人，③8人，②1人，①なし。

　⑤と④で24人います。「クラスの半数以上の子どもたちが楽しんでくれたら合格」とあらかじめ決めていたので，僕はこの評価もとてもうれしく思いました。

《宇宙への道》たのしさ評価

| ⑤とても…9人 | ④たのしかった…15人 | ③どちらとも言えない…8人 | ②1人 |

①とてもつまらなかった…なし

　それに，この頃になると，自分の気持ちを文章で表現してくれている感想文の数がはっきりと増えてきていたのです。

　　　　（つぎの感想文の，◇の後の数字は授業の評価〔5段階〕）

◇⑤宇宙への道を勉強して一番びっくりしたことは，地球から太陽までの距離が，光の速さでも8分20秒もかかることです。宇宙への道の勉強でいろいろなことがわかってよかったです。　　　　　　　　　　　　　　　　　　（大山　茜）

◇⑤あんなに高いエベレスト山も直径1.3mの地球にすると，1ミリよりもっと小さいことがすごかった。（山津泰史）

◇④太陽がすごく大きくて，すごく遠い所にあると知ってびっくりした！！　地球は太陽よりすごく小さいってこともわかってよかったぁ！！　　　　　　　　　　（横山祥子）

15. 日常生活は相変わらずだけれど…

〈理科〉以外の日常は相変わらず大変でした。休み時間など，廊下では相変わらず壁に体当たりして遊んでいる子がいるので（もちろん注意はするのですが），ド〜ンド〜ンと激しい音がしています。

保護者が教室に5人いた学級行事の時でも，ちょっとしたことで怒った男の子が投げたはさみが女の子の顔の前を通って壁にぶつかるということもありました。目が離せません。

12月の初めにあった英語の講師のジャニス先生の授業もひどいことになってしまいました。ジャニス先生はこの子どもたちが1年生の時から（年に2時間ほどですが）英語の授業をしてくれているイギリス人の女性です。

ところが，ジャニス先生が授業で何かを言っても，クラスの子どもたちは何も反応しません。寝ていたり，おしゃべりしていたりする子どもたちでいっぱいです。その上，高森君をはじ

め男子の何人かの子どもたちは卑猥な言葉を大きな声で叫ぶので，とうとうジャニス先生は激しく怒りだしてしまいました。子どもたちの態度があまりにひどかったので，僕は授業のあとでジャニス先生の所に謝りに行きました。

「お願いして教えに来ていただいているのに，子どもたちがひどいことを言って，本当にすみませんでした」

するとジャニス先生はにっこりして，一生懸命に日本語で話してくれました。

「先生，大丈夫ですよ。先生より私の方があの子たちとの付き合いは長いんですから，慣れています。それより，先生はすばらしいです。だって，あの子どもたちがちゃんと座って授業受けていたんですから。去年なんか，座ってなんかいませんでしたよ。それだけでもすばらしいことです。先生はすばらしいです」

予想もしていなかったジャニス先生の言葉に，涙が出てきてしまいました。そんな見方をしてくださっていたなんて。それを僕に伝えてくださるなんて。ジャニス先生こそ，すばらしい先生です。

さて，12月の初めに行った《北斗七星と北極星》の授業での子どもたちの評価も，⑤16人，④14人，③2人，②1人（①なし）というもので，クラスの子どもたちはやっぱり僕の授業を楽しんでくれているようでした。そして，あの高森君も4という数字に

《北斗七星と北極星》たのしさ評価

⑤とてもたのしかった …16人	④たのしかった …14人	③2人	②1人

①とてもつまらなかった…なし

マルがつけてありました。よかった，よかった。
　学校でたった一つでも安心して過ごせる時間があるということは，子どもたちだけでなく僕にとってもとても大きいことだったようです。

16. 大変さは変わらず ── 3学期
　3学期になりました。「もうすぐ卒業だから，子どもたち，少しはおとなしくなるのかなぁ」と正月休みに思っていた僕でしたが，そんなことはありませんでした。
　例えば，専科の音楽の時間には，勝手に木琴を激しく叩いて壊してしまう男の子がいたり，休み時間になると男子のほとんど全部が集団で勝手に1年生の教室にぞろぞろと入ったりしながら学校中で鬼ごっこをしていたり……。集会や朝会の時間にも，男子のほとんど全員と女子の半数以上はおしゃべりがやみません。
　トラブルの中心には，いつも変わらぬ4人の男の子がいました。まさに「台風の目」です。それに対して僕もいつもどおり，かっとして怒鳴ったり……そんな風に，毎日の状況はほとんど変わりませんでした。4月の頃と比べて少し変わったことといえば，僕の教室で行う授業では，「半分以上の子どもたちが座って授業を受けてくれるようになった」ということぐらい。それを僕は「すごい進歩だ」なんてとても思えませんでした。

17. 初めて読んでくれた！「理由」を言ってくれた！
　1月には町の企画で，学校をあげての「国語の公開授業研究

会」が行われました。授業は「国語」に限定されているので苦戦を覚悟していたのですが，この日，子どもたちはほとんどの時間，席にいてくれました。お客さまより，僕に気をつかってくれたのかもしれません。

公開授業の後，僕は《電池と回路》の授業を始めました。

いまの僕に考えられることは，「子どもたちに〈たのしい〉と思ってもらえそうな程度の高い授業を〈1時間でも多く〉すること」だけです。そうなると，仮説実験授業以外には考えられませんでした。

そんな風に思って始めた《電池と回路》でしたが，見た目はこれまでとまったく変わりがありません。寝たように伏せている子が毎回数人はいます。おしゃべりの合間に突然高笑いがまじり，手紙を回している女の子のグループもいます。「ちょっと，こっち見てね〜！」「こういう風に実験するよ〜！」なんて言うと，その一瞬は僕の方を見てくれますが，「本当に授業を楽しんでくれているのかなぁ」と，心配になります。

僕が問題を読んで，予想に手を挙げてもらって——意見は言わなくても，選んだ予想に手はあげてくれるのです——実験をして，また問題を読んで……と，授業がどんどん進んでいって，数時間で《電池と回路》の第1部が終わりました。

さて，「この時間から第2部に入る」という時のことでした。いつものように授業書を配ったあとで僕が，「誰か（問題の文章を）読んでくれる人，いませんか」と聞きました。

このクラスでは，これまで授業書を読んでくれたのは，あの高森君が以前に1回あるだけです。それでも僕は毎時間，「誰

か読んでくれる人，いませんか」という同じセリフを言い続けてきました。

すると，この時突然，後ろを向いておしゃべりしていた山﨑君がこっちを振り向いて手を挙げたのです。えっ！　うそっ！

ちょっと驚きながら，とても嬉しくなりました。「じゃあ，山﨑君，お願いします」

〔問題１〕次のように，電池に電線を５メートルずつつないで豆電球をつないだら，あかりはつくでしょうか。

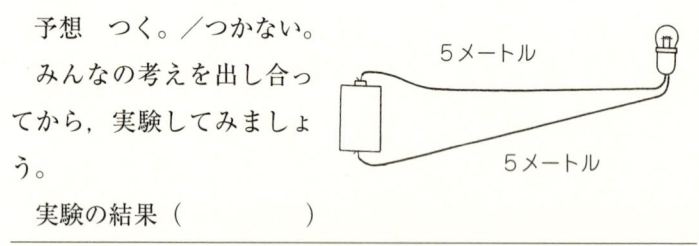

　予想　つく。／つかない。

　みんなの考えを出し合ってから，実験してみましょう。

　実験の結果（　　　　）

授業書《電池と回路》４ペ　Ⓒ仮説実験授業研究会

子どもたちの予想分布は，次のようになりました。

　　ア．つく　３０人　　イ．つかない　１人　　（欠席２名）

このクラスの場合，予想の理由を聞いても，これまでのところ誰も答えてくれませんでした。予想変更もまったくありません。だから，いつもだとこの後すぐに実験をすることになります。それでも，「〈理由だけ〉なら誰かが何か言ってくれるかもしれない」と思いながら，僕はいつも何人かの子どもたちを指名したり，「誰か理由を言ってくれる人，いませんか」と言ったりしてきました。それで，この日もまず，たった一人でイの

予想をしている増本君に,「〈つかない〉っていう予想の理由がもしあったら教えてほしいんだけど」と聞いてみました。

増本君は,普段は机に伏せていることが多い男の子です。そして,これまでも何度か指名したことがあるのですが,その度に「ない！」と大きな声で一言叫んで終わっていました。

正直僕は,「今日も,〈ない！〉の一言なのかなぁ」と思っていました。ところが,廊下側の後ろの方に座っている増本君は,しばらく黙っていたのですが,突然ぼそぼそっと「線が長過ぎてつかない！」と言ったのです。

え〜っ！　やった〜！！　初めて〈理由〉を言ってくれる子が現れた！

こんどは窓際の前の方の席から声が聞こえてきました。

「でも,回路になっているじゃん……」

ビックリしてそちらの方を見ると,そう言ったのは玉田君でした。いつもだったら玉田君も頭からフードをかぶって寝ているはずです。ビックリしてしまいました。

この授業書の第1部では,「回路になっていれば,豆電球が光る」ということをいくつかの実験とお話を通して学ぶのです。そして,それを受けての第2部なのです。いつも寝ているように見える子どもたちだけど,ちゃんと授業書の内容をわかってくれていたんだ。

他のクラスで仮説実験授業をしている時にはごく当たり前のことでも,この時の僕にはとてもうれしい出来事でした。

さて,予想変更はなく実験です。5mの長い線の先を電池につなげると……豆電球がピカッと光りました。正解は,アの

〈つく〉だったのです。しかし，教室の中はいつもと同じ。シ〜ンとしたままです。

とはいえ，この日の感想文でも，多くの子どもたちが「たのしかった」と一言書いてくれていて，たった1人で予想を外してしまった増本君と「でも，回路になっているじゃん」と言った玉田君も，ともに「たのしかった」と書いてくれていました。よかった〜！

こうして，この後も《電池と回路》の授業は淡々と進んでいき，3月の初めにこの授業書は終わり，評価と感想を書いてもらいました。⑤14人，④14人，③4人，②1人（①なし）。

やった〜！！　⑤と④で28人。うれしいな〜！！

さらにうれしかったのは，感想文の内容でした。多くの子ど

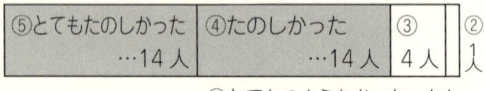

《電池と回路》たのしさ評価

| ⑤とてもたのしかった…14人 | ④たのしかった…14人 | ③ 4人 | ② 1人 |

①とてもつまらなかった…なし

もたちが，「たのしかった」の6文字以外に，自分の気持ちを書いてくれていたからです。

◇わからなかったことがわかってよかった。⑤（山本早紀）
◇2本の線がくっつくと，電気が消えるのを初めてしったから楽しかった。　　　　　　　　　　　④（増本　光）
◇最初は電池のことについて，ちょ〜めんどくさいと思ったけど，初めて知った時に，へぇ〜って感じで，問題があたった時は，ちょ〜うれしかった！！　回路のことをよく知れてよかった。あと楽しかった！！　⑤（山田陽子）

この時の子どもたちの感想文には，上の3人の子どもたちも書いているように「わからないことがわかってうれしい」というタイプのものが多くありました。しょっちゅう僕に注意をされてる江川君や白沢君も，こんな風に書いてくれていました。

◇いろんなことが知れてよかった。　　　　⑤（白沢拓哉）
◇興味深かった。今までの科学〔仮説実験授業〕の中で，一番楽しかった。　　　　　　　　　　⑤（江川洋介）

　〈授業を楽しんでいる気持ち〉が見えてきて，僕はすごくうれしくなりました。「仮説実験授業をやってきて，本当によかったな〜」と思いました。

　次は，やはり大物の一人だった玉田君の感想文です。

◇電池と回路の勉強が楽しかった。　　　　⑤（玉田　勉）

　玉田君は一貫して「楽しかった」という一言の感想を書いてくれていました。でも，今回初めて「〈電池と回路の勉強が〉楽しかった」と書いてくれました。これもとってもうれしいことでした。よかったなぁ。

　こんな風に「よかった」「たのしかった」「うれしかった」といっぱい書いてもらえると，僕の「子どもを見る目」もかなり変わってきます。「う〜〜ん，乱暴で困った子たちだ」とばかり思っていたのが，「だけど，かわいいところもあるんだ！」ということに気がついたのです。〈授業〉を通してちらっと見えてきたのでした。

18. 一人ひとりにお願いの手紙

　さて，こんな風に夢中になって過ごしていたら，3学期もあ

っという間に過ぎ，あと数日で卒業式という日がやってきました。そこで僕は子どもたちに〈お別れのメッセージ〉（僕からの手紙）を封筒に入れて渡すことにしました。

〈お別れのメッセージ〉というのは，小原茂巳さんに教えていただいたもので，卒業していく子どもたちや，クラス替えをしてバラバラになっていく子どもたちに向けて，教師から手紙を書いて，出来たら返事も書いてもらうというものです（もしよかったら，佐竹重泰「〈ありがとう〉という気持ちを伝えたい」『たの授』No.180を読んでみてください）。

今回の〈メッセージ〉には，「お願い」がついています。「1年間の科学の授業で楽しかった勉強があったら書いてほしい」ということと，「初めて先生と会った時の気持ちと今の気持ちなども書けそうだったら書いてください」ということです。

「その気になった人だけ，家で書いてきてもらう」というかたちにしたのには，理由があります。なぜかというと，授業にかぎらず，僕のやることに多くの子が「つまらねぇ～！！」とか「やりたくねぇ～！！」などと叫ぶのですが，一人ひとりの感想文には「楽しかった」などと書いてくれる子どもがけっこうたくさんいたからなのです。

このクラスの子どもたちは，友だちの前での行動や言葉と，心の中で思っていることとが，かなり違うのかもしれない――「〈6年生になって急に態度を変えたら恥ずかしい／友達に対する裏切りになる〉なんて思っている子どもたちがかなりいるんじゃないか」「そんな雰囲気の中で子どもたちの本当の気持ちを知るには，〈他の子どもたちの目を気にしなくてもいい手だ

その4／教育困難学級での授業　133

て〉が必要なのだろう」と予想を立てたのでした。

　じつは,「科学の授業（＝仮説実験授業）について」とか,「担任としての僕の評価」は,ずっと前から聞いてみたいと思っていました。これから〈先生〉という職業を続けていくにあたって,きっと役に立つはずです。そう思ってはいたのですが,恐ろしすぎて聞けませんでした。

　でも,もうすぐ卒業です。この時期をのがしては,もう聞けません。それに,この時期なら,もし気になることが書いてあったとしても,苦しむ時間は短くてすむでしょう。勇気を出すなら,今だ！

　というわけで,思い切って〈お別れのメッセージ＋お願い〉を書いたわけです。この手紙をピンクの上質紙に印刷して,返信用の封筒と用紙も一緒にして封筒に入れました。なお,手紙の最後には,それぞれ一行ほど,一人ひとりにあてて,「係の仕事,いつもありがとう」「中学校でもがんばってね」など,違う内容のメッセージをペンで手書きしておきました。

　そして,「〈書いてもいいよ〉という人は返事を書いて,休み明けに学校に来たら僕の机の上に出しておいてください」とお願いをして,子どもたちに封筒を渡しました。

　実は,ここに至る一連のアイデアは,全て小原茂巳さんにいただいたものです。「子どもたちの気持ちは知りたいけど,まともに聞くのはこわすぎるし」と悩んでいた僕に,手順までしっかりと提案してくださったのです。それで,僕はその通りにやってみることにしたのです。

　さて,月曜日に僕の机の上には何通くらいの封筒が並ぶので

しょうか。僕は「クラス33人の中で5通くらい返事がくればいいな」と思っていました。

　正直なところ，僕はいまだに「担任として評価されている」という実感がもてないでいました。クラスの様子も，「4月より悪くなった」ということはないでしょうが，「とても良くなった」とはまるで思えませんでした。そんな担任にむかって，「わざわざ家で文章を書く」なんていうことをしてくれるでしょうか。書いてくれたとしても，「先生の机の上に置く」なんて行動は目立ちすぎてまずいかもしれません。

　「それにしても，5通くらいは返ってきてほしいな。返ってくるよな。もし5通もこなかったら，やっぱりショックだもんなあ」「いや，問題はその中身だよな」などと，心配のタネはつきません。

19. 信じられな〜い！

　月曜日の朝です。教室に行くと，僕の机の上には7通の封筒が置いてありました！

　思わず僕は「返事を書いて持ってきてくれた人，ありがとう。すごくうれしいよ」と言ってしまいました。

　すると次の瞬間，「あっ，出すの，忘れてた」という子どもたちがぞろぞろと封筒を持って僕の所に出しにきてくれたのです。次々と僕の机の上に置かれて行く封筒……。その光景を見て，僕は涙が出そうになってしまいました。

　家に帰ってから，ゆっくり，しかしかなりどきどきしながら「返信」を読みはじめました。そして今度こそ間違いなく，涙

がとまらなくなりました。うれしくて，うれしくて。そして，「僕は子どもの心がまるでわかっていなかったんだ」という思いがわきあがってきました。

例えば，いつも僕の言うことにいちいち逆らって悪態をついていた白沢君はこんな風に書いてくれていました。

> さようなら佐竹先生　僕がはじめて先生と会ったときは，いままでぼくのたんにんをしてきたなかで一番おもしろそうな先生だなーと思いました。
> そのよそうはあたっていて，本当に1年間佐竹先生とすごして，いままでで一番たのしかったです。佐竹先生とすごしたこの一年間をぼくはずっとわすれません。
> 1年間ありがとうございました。　白沢拓哉

え〜！　信じられない！！　まず，返事を書いてくれたこと自体が驚きですが，普段の僕に対する態度からは，まったく想像もつかない文章です。やっぱり，個別に聞いてみてよかったな。

次は，やっぱりいつもおしゃべりをしていて僕に注意されていた江川君です。江川君も，注意をするたびに険悪な雰囲気になるので，「返事はこないだろうな」と思っていたのです。

> さようなら　佐竹先生
> まず，手紙に書いてあった科学の授業の中で，一番興味があったのは，「生類憐れみの令」です。なぜかというと，前から生類憐れみの令って，どんな動物が対象なのかなっ

て思ってました。だから，そういうのが勉強できてよかったと思います。
　それでは本題！！　最初は，「佐竹先生って，どんな先生なんだろう」って思いました。少し月日がたつうちに「なんか，おもしろい先生じゃん」って思って，一学期が終わってしまいました。
　二学期になって，もっと先生のよさを知りました。そして，三学期になって，もっともっと先生のよさを知りました。
　この一年間で一番おもしろかったことはやっぱり「生類憐れみの令」かな。この六年生が，小学校の中で一番楽しかったです。この一年間は，本当にはやかったと思います。
　　さようなら　佐竹先生　　　　　　　　　　　　江川洋介

　ビックリしすぎて，この手紙をしばらく見つめたままになってしまいました。あの江川君が……。でも，うれしいな。
　《生類憐みの令》は夏休み前に社会科の時間にした授業です。その時だって江川君はやっぱりおしゃべりをしていて，「科学の授業の中で，一番興味があった」なんて想像もつきませんでした。
　この江川君にしろ白沢君にしろ，友だちの前では，こういうことは決して口にしてはくれなかったでしょう。
　あの高森君も一言，こう書いてくれていました。

　　先生 1年かん ありがとうございました。　　　　高森俊平

普段，文字などほとんど書かない高森君です。とにかく嬉しくてしょうがありません。
　いつも後ろを向いて友だちとしゃべってばかりいるように見えた女の子たちからも，信じられないような返事が戻ってきました。

　　さようなら　佐竹先生　科学でおもしろかった授業は《もしも原子が見えたなら》と《生類憐みの令》と《宇宙への道》と，あぁ～，全部書くの大変だから，「全部」楽しい＆おもしろかったです!!　《電池と回路》は一番よくわかった!!　佐竹先生に初めて会った時は，「えっ!!　この先生が6年の担任になったらヤダ」って思ってましたぁぁ。なんかくどそうと思いました。
　　だけど今はちがう!!　佐竹先生のクラスでほんとによかったと思います!!　だって科学の授業も初めてやるのでさいしょは，びっくりしました!!
　　あたしは科学の授業が好きになりました!!　佐竹先生，ずっと山川第三小学校にいてください。おもしろくて，やさしい良い先生だから!!　これからも教師，続けてください!!　卒業までほんとうにありがとうございました!!
　　さようなら佐竹先生　　　　　　　　　　　　　　山野靖子

　　さようなら　佐竹先生　私が6年生になって，最初に佐竹先生を見た時,「どういう先生なのかな？？？　ちょっと

こわかったらやだな」と思いました。でも，佐竹先生は，とってもやさしい先生でした。最後の学年の担任の先生が佐竹先生で，本当によかったです！
　私は，佐竹先生の授業，とても大好きです。とくに，モノ作りやもし原や，短い話が好きです。佐竹先生，これからもこの勉強を，他の生徒にも教えて楽しませてあげてください。　一年間ありがとうございました。卒業しても遊びにきます！　先生！　お元気で！！　　　　　大山俊子

　「佐竹先生のクラスでほんとによかった」と書いてくれた山野さんは，女子の１つのグループの中のリーダーです。そして，大山さんも山野さんもそうですが，その他の多くの女子も，仮説実験授業をしている最中も手紙を回したりおしゃべりをしたり寝ていたりしていて，僕にはとても〈授業を楽しんでいる〉ようには見えませんでした。
　「担任なんて無視してる」と思えた子たちの多くが，「最初は，どんな先生が担任になるか心配していた」なんてことを書いていることにも驚きました。僕は子どものことで悩んでいたけど，子どもたちだってどんな教師なのか，心配していたのです。そのためにいろんなテストをして，教師の正体をしらべていたのかもしれません。壁を蹴るとか，さわぐとか，立ち歩くとか……。原始的だとしても，効果的な教師鑑定法です。
　僕はあらためて，「一年間，仮説実験授業を続けてきてよかったな」と思いました。
　うれしい手紙を読んで，涙が出てとまりませんでした。

僕の方こそ「ありがとう!!」だよ。

　結局，この時の返信はクラス33人中26通。このとき返信をくれなかった人でも，卒業式の日に友だち数人で色紙をくれたり，プレゼントをくれたりした子どもたちが何組かいて，結局，ほとんどの子どもたちが僕に「ありがとう」の気持ちを伝えてきてくれたのでした。
　ところで，このころは卒業文集の編集もすすんでいました。そのために，以前この子たちとかかわった先生方にも原稿を依頼していたのですが，そうした原稿といっしょに，僕あての手紙が一通ありました。差出人は僕より1年前（昨年度）にこの学校にやってきて，そして1年間で退職していった専科の先生です。僕は面識がないのですが，文面によると，1月に行われた町指定の国語の公開授業の時に僕のクラスの様子をこっそり見にきてくださっていたそうです。〔以下，抄録〕

　この一年は，先生にとりましては実に長い月日であったと推察致します。しかしながら，先生のお人柄と粘り強さであの子たちの変容を見ることが出来，本当にうれしく有難いことだと思っています。
　先生は素晴らしいです。／これまでのご努力に感服しております。／あとわずかとなりましたが，最後のしめくくりに自信を持たれ楽しみのひとつとなります様，心からお祈りしています。

ありがたい言葉です。「この子たちとの大変な１年」を想像し，「それでもこのクラスの授業を見に来てくださったお気持ち」を思い，またまた涙が出てきてしまいました。この手紙は，子どもたちの手紙と同様に，僕への卒業証書のようで，本当に宝物のように思えたのでした。

*

　翌日の卒業式では，６年生の声は小さめだったけれど，去年の４月のことを考えると嘘のような，とてもお別れが寂しく思えるいい卒業式になりました。

　ありがとう，子どもたち。僕はいっぱい勉強できましたよ。

　みんなにとっても，「普通では得られない経験」が，いつかきっと役立つと思います。

　そして，心配しながら見守ってくださった保護者の方々，同僚のみなさん，そして小原茂巳さんをはじめとするサークルのみなさん，ありがとうございました。

　今回，このような記録を残しておこうと思ったのは，「とてもとても大変だったけど，いろんなことをいっぱい学んで，僕自身もとっても進歩した一年間だったなぁ」という思いがあったからです。

　ほんと，この子どもたちと出会えてよかったな～！！

（おしまい）

よくあるトラブル 「アキラメの教育学」入門

〈どっちに転んでもシメタ〉の発想と選択肢

悩みや矛盾に出会ったら，そのときこそチャンス！

小原茂巳

1. あきらめられるのがベテラン

僕の所に，ある若い先生からこんな悩みが寄せられました。

> ベテランになると人間が進歩して，悩みが減っていくのですよね。あるいは，悩まなくてすむようになるのかな？
> だって，ベテランの小原先生は，問題が起きても，あわてふためいたりしなそうですもの。若い私にはそうはいきません。

それに対して僕はこんな風に答えました。

僕自身も若い頃は，「長いこと先生をやっていると，悩みって減っていくもんなのかな？」って思っていました。でも，そ

んなことはありません。若者だろうが熟年だろうが，悩みはいつもつきまとってきます。ある悩みが去ったとしても，また次の悩みがちゃんとやってくるものです。だから，悩みと出会ったら，いじけたりイライラしてもしかたがありません。悩みとうまくつきあっていくしかありません。

　その点，年配の教師は落ち着いて対応しているように見えますが，それは，単に〈要求水準を下げられるようになっただけ〉ということもできます。これは，「人間が進歩したから」とは違う問題です。体力・忍耐力が落ちたので要求水準が下がったのです（笑）。要求水準を下げれば，悩みにならないってこともありますからね。そういう人が〈ベテラン〉と呼ばれるのかもしれません。

　若者だって，相手や自分の要求水準を上げたり下げたりできるようになれば，年寄り並みに悩みを減らすことはできます。

　年齢ではなく，ちゃんと見通しのもてるベテランは，問題が起きてもあわてることなく，とりあえず，「今はほっといた方がよさそうだ。最終的には何とかなりそうだ。だから，今はほっとこう！」などと言って，とりあえずアキラメるというわけです。

　要求水準だけの問題ではなくて，この種の問題は〈時間が経てばなんとかなる〉ということが体験していくとわかっていきます。そうするとアキラメるという選択肢が出来ます。解決をあせって，「かえって問題をこじらせる」ということを防げるということもあります。

2．悩みがいのある問題か？

一方，「たのしい授業学派（「学ぶたのしさ」「学ぶ者のたのしさ」を教育の中心にすえて考える人々＝仮説実験授業学派）」は年齢に関係なく，〈悩みをシメタにしちゃおう！〉というところがあります。目の前に現れた「悩み」が〈悩み甲斐のあるものなのか，悩み甲斐のないものなのか〉をチェックして，もし前者なら悩みを〔問題〕にして解く（予想をして実践〔＝仮説・実験〕する）ことをたのしんじゃえ，というのです。まるで，〈仮説実験授業の〔問題・実験〕をたのしむ子どもたち〉のようにです。

自分の悩みの時には，なかなか気づかないんですけれど，サークルで誰かがある種の悩みを言うと，参加者はだいたい喜びますよね（笑）。ホッとするというか，「あ～，お前も悩んでいるのか～」と。

その時に，悩み甲斐がある（考えるに値する）問題なのかどうかのチェックは必要ですね。なんでもかんでもシメタがあるのかっていうのもムチャな話ですからね。結構，アキラメた方がいい問題っていっぱいあるんですよね。

自分の精神の持ちようでグチュグチュする問題って，いっぱいあるじゃないですか。だから，アキラメるって選択肢は大切です。でも，その中でも，「あっ，これはよくある問題だな！僕だけじゃなくて，いろんな人が出くわす問題だな」——こういう問題は解決し甲斐がありますね。

そのことを今年はなんとかクリアしたと思っても，また何年後かに出会う可能性のある問題だとしたら，今は他人の問題であっても，それを解決してあげられれば，未来の自分にとって

も役に立つ可能性があります。

3.「悩み」を「問題」にして仮説・実験

　同じような問題で悩んでいる人は，その解決方法というか，手順というか，「自分にもできること」がわかると，すごく喜んでくれます。だから，考えるに値する問題，見通しの持てそうな問題については，僕は必死に考えます。それはちょうど，仮説実験授業の「問題」が好きな子どもたちと同じようなもんです。

　仮説実験授業はある種，意地悪なんです。特に最初の〔問題〕では，たいていとても難しい問題を出しますからね。でも，ムチャクチャ難しくて手も足も出ないというわけじゃない。「こういうことなら，わたしも解けるんじゃないか」「解けたらいいな」と思える。だけど，自信満々で答えられる人はいない。そういう問題を出します。それは子どもたちにとってすごく考えるに値する問題だから，子どもたちは「明日も出して！」というわけです。

　「問題」というのはいつも〈悩みのタネ〉とは限らないんですね。〈わくわくのタネ〉でもあり得る。そういうことを，ぼくらは仮説実験授業をとおして気づいてきました。そこで，〈悩みのタネ〉にであったら，「それはもしかしたら〈たのしい問題〉かもしれない」と考えてみるわけです。〈矛盾に出会ったらシメタ！〉って考えると，なんか楽しいです。「悩み」も，ちょっと角度を変えてみると「おもしろい問題」かもしれない。そうだとしたら，「仮説をたてて，できれば意見の違う人たち

と討論して，実験したいなぁ」という気になります。そういう人が「たのしい授業学派」には多いんじゃないでしょうか。

そういう意味では，今の僕は，少しは〈問題が起こったときこそチャンスのとき〉と思えるようになったのかな。

現実の問題は，起こっちゃってるのだから，嘆いてばかりいてもしょうがない。佐竹さんの困難学級のように「戦時下」で授業やっているなら，「戦時下にしか見つからないシメタ」を見つける方がイイですね。その発見が，案外「戦時」を終了させる道だったりするわけです。悩みは死ぬまでついて来るから，「死ぬまで楽しみのタネがなくならない」と思えたほうが，人生，トクですね。

4．僕の「生活指導」のイメージ

僕は最初の単行本『授業を楽しむ子どもたち』(仮説社) の副題には「生活指導なんて困っちゃうな」って書いたんです。その通り，僕は生活指導なんて苦手だし，嫌いだし，正直，困っちゃうなって思っていました。

その〈困っちゃうな〉っていうのは，「子どもたちが次々と問題を起こすから困っちゃうな」っていう意味ではないんです。そういう意味もないわけじゃないんですが，僕が若い頃に思っていたのは，「なんかセンセイたちのやっている生活指導ってオカシイなぁ」っていう〈困っちゃうな〉なんです。「なんかオカシイなぁ」と思っても，堂々と，「それは間違っています！」「やめなさい！」なんて言えないんです。

よく「教師のかかえる問題を解決する」みたいな話題に出会

うことがあります。でも、その〈解決〉はしばしば「子どもたちの悩みをふやす」ことだったりするのです。しかし僕らは、最終的には、〈子どもにとってたのしいと思える〉〈子どもと先生がイイ思いができる〉という意味の「悩み解決」でないと、本当の解決にならないと思っています。

　ところが僕が勤めていた中学校というのは、〈先生たちが毅然とやろうぜ〉とか、〈共通理解でビシバシやろう！〉とか、〈生徒が静かなのが平和〉〈親から苦情が来ないのがイイ学校〉〈トラブルが少ないのがイイ学校〉……そういう学校をつくろうというのが生活指導になっていました。

　そうすると、あるタイプの先生はキリッとしてしばらくは元気になるんですけど、子どもはなんとなくイライラしてくる。嫌がってる。僕みたいなひ弱な先生も困っちゃってる。実はその本の副題が初めは「生活指導なんてやるもんか！」にしていたんですが、よく考えると、僕は「やるもんか！」なんていう根性はないんです。もちろん、「みなさん、そういう生活指導は間違いです！」なんて堂々と主張する勇気はまるでないんです。そういう意味でも、ほんとに「生活指導なんて困っちゃうな」なんです。

5．熱心で毅然とやると荒れる学校

　〈熱心な生活指導の結果はどうなるか〉ということは、誰も調べた人はいないのかもしれませんけど、ちょっとまわりを見れば、たくさん実験をしてくれています。中学校なんかでは、生活指導に熱心でビシッとやれる先生がうまくやっていて、そ

〈どっちに転んでもシメタ〉の発想と選択肢　　147

れこそ子どもたちを静かにさせる先生はいます。ビシっと叱って子どもたちから信頼されている先生もいます。逆に熱心が故に荒れる学校もあります。

　僕の勤めていた市で，生活指導に熱心な先生がいました。その方は有名な生活指導主任でした。その方が異動していく学校というのは，たいてい荒れました。すごく張り切る先生で，ラッパも吹き，「ビシっとやりましょう！」と，みんなに声をかけて，もちろん自らビシッとやるんです。

　ところが途中で必ず生徒が爆発します。その後に，一番激しい先生がパッと異動していなくなってしまうと，学校全体に影響を及ぼしますね。まずは先生たちがのびやかになって，職場の雰囲気がよくなる（笑）。生徒の方もおだやかになる……そういうのは結構よくある話です。

　「なんで熱心で毅然としててこうなるんだ」ってことを，若い僕は不思議に思っていました。でも，僕はまわりで起こるこういうことを，実験結果として見ていました。

6．熱心な先生を子どもが避ける理由は？

　次の文章は，「僕の〈生活指導〉のイメージ」『たのしい生活指導』（1999，仮説社）の再録（同書12〜19ペ）です。だいぶ前に書いたものですが，今回読み返してみて，なかなかいいなと思ったので紹介させてください。（今回，田辺が小見出を補足するなどしました）

　　　　　………………………………………………………
　B子先生は，穏やかな性格の国語の先生です。生活指導部の

方針に従って，自分のクラスのツッパリ君に何度もやさしく「授業を抜け出したり規律を破ることはなぜいけないことなのか」を語りかけていました。授業を抜け出て家に帰ってしまった時なども，わざわざ家庭訪問をしては熱心な指導にあたっていました。

さて，この熱心な指導の結果はどうだったでしょうか。

はじめの頃は，そのツッパリ君はとても素直にＢ子先生の注意を聞いていました。しかし，しばらくたつと，そのツッパリ君はＢ子先生に近寄らなくなってしまったのです。家庭訪問をしても，顔を見せないというのです。

ある時，僕がそのツッパリ君と雑談をしていたら，彼は頭をかきながら「Ｂ子先生を避ける理由」を語ってくれました。「あの先生，はじめはいい先生だと思ったんだ。だけど，だんだん〈いつも言うこと，同じじゃーん〉ってことに気がついて，イヤになってしまったんだ。だって，結局は〈授業に出て，頑張りなさい。これ以上落ちていったらだめよ〉だもんね。それからは，あの先生が話しかけてきても，なんか〈あー，しつこいなー，うっとうしいなー〉と思っちゃって，もうダメなんだよね」と言うのです。

さて，Ｂ子先生は生活指導部の方針に忠実なのに，これはどうしたことでしょう。

じつは，このＢ子先生みたいな例は，中学ではしばしば見受けられることです。この僕も，若い頃，Ｂ子先生みたいな失敗をしそうになってヒヤッとしたことがあります。だから，この事例も，他人事とは思えないのです

7. イヤな場所の〈規律〉は守る気になれない

　そもそも，規律とは，〈お互いが気持ちよく生活していくために作られたもの〉のはずです。

　ところが，規律破りを繰り返す生徒に対しては，たとえば「人に気持ち悪い思いをさせてまで，自分が気持ちいい思いをすることはいけないことだねー」ということを繰り返し言っても意味がないときがあります。反対に，「そんなことばかり言って，俺たちの気持ちをわかっちゃーいない」などと反発される場合があるのです。先にあげたB子先生みたいな例です。

　何が「わかっちゃーいない」のでしょうか。

　たとえば，彼らにとって学校というものが，そもそも「つまらない場所，気持ち良いどころかイヤな思いをさせる所」になっているとしたらどうでしょう。

　そんな思いをしている人にとって，「いいですか，学校の規律とは，お互いが気持ちよく生活していくために作られたものなのですよ。だから，あなたを含めたみんなのためにも，規律を勝手に破る行為は許されないのですよ」というお説教は，まったく「わかっちゃいない」と感じられるでしょう。

　「俺だって，今まで，ちゃんと規律を守ってきたんだ。だけど，いい思いなんかぜんぜんしてこなかったよ。授業だって，まじめに受けててもつまらなかったし，それどころか，恥をかかされたことがいっぱいあったものね。だから，そんなキレイごとなんか俺には通用しないね」ということになるわけです。

　もっとも，積極的に規律を破って問題をおこす子は，今だって少数派です。だから，「みんなが守っている規律を破るのは，

おまえのわがままだ，ヘリクツだ」「みんなの迷惑がわからないのか」と，お説教することもできるでしょう。でも，「みんな」が教師のいう〈規律〉をあまり破らないのは，たぶん，そのほうがめんどくさくないからだと思います。少なくとも，教師の言うことを「そうだ，よく言ってくれた」と支持しているわけではないはずです。

　だから，「みんなが守っている」「みんなが迷惑している」なんて気安く「みんな」を使ったら，それこそ迷惑に思う子が少なくないでしょう。「みんな」は，規律を破る子に迷惑をこうむっているとしても，それ以上に，教師の「熱心な生活指導」に迷惑を感じている可能性だってあるわけです。とくに最近ではその可能性が高まっているように，僕には思えるのです。

　その辺の気持ちをわかっていないと，いくら教師が熱心かつ真面目に子どもたちに向かっていっても，いや，熱心かつ真面目に向かっていけばいくほど，どんどんかみ合わなくなってしまうでしょう。

8．絶対やってはいけないこと

　たとえば，自分の授業に，連日極端に遅刻してくる生徒が現れたとしましょう。様子からして，授業をさぼりたがっているのが見え見えです。

　こんな時は，その遅刻して入室してきた生徒にどう対応したらいいのでしょうか。

　とりあえず，「どうした，どっか体の具合でも悪かったの？」と理由をたずねることもあるでしょう。理由など問わずにさら

りと「今度からは，授業開始の時間はちゃんと守ろうな」と注意して授業を先に進める場合もあります。それは，「ふだんその生徒とどういう関係にあるか」によって違うことでしょう。

だから，「その時はこう対応するといい」という絶対のオススメはありません。しかし，「絶対にやってはいけないこと」はあると思います。それは，「はじめから疑ってかかって，〈こうに決まっている〉という態度で接すること」です。

さぼりたがっているのが見え見えだとしても，もしかすると，その日は本当にもっともな理由があったかもしれません。いや，実際にさぼりたい気持ちがあった場合はなおさらのこと，わざわざ傷口に触れるようなことはやめたほうがいいと思うのです。そういう接し方は，相手のプライドをひどく傷つけるものです。「さぼりたい気持ちを乗り越えて来てくれた」のですから，「来なければよかった」なんて思われたら悲しいじゃありませんか。

9．本音を聞かされるとアセる教師

それから，僕は，〈授業をさぼりたがっているのが見え見えの生徒〉を前にして僕なりの「お説教」をするとき，心の隅でチロッと僕に言い聞かせていることがあります。

「おいおい，オマエは遅刻してきた生徒にえらそうに説教などしているけど，その子がオマエの授業をさぼりたがっているということは，つまり，〈オマエの授業がつまらない，出来たら逃げ出したーい〉ってことなんだぞ。いいか，授業で給料をもらっているオマエなんだから，その点を少しは恥ずかしく思

えよな。だから，あんまりえらそうにしつこく説教するんじゃないぞ」な〜んてね。

　それに，ちょっと想像してみてください。「おまえ，本当はさぼりたかったんだろう，仮病だろう」なんて追及して，もし正直に「そうだよ，仮病だよ」なんて答えられたら，どうするんですかね。アセって，「怒りまくるしか面目が保てない」という状態になりそうです。もしそうなったら，〈教育〉も〈指導〉もあったものじゃないでしょう。

　本音を聞いてなぜアセるかというと，お説教をするとき，「子どもは絶対に本音を言わないもの」ときめてかかっているからではないでしょうか。でも，「子どもが正直だと教師はアセる・怒る」という〈生活指導〉は，なんかヘンですよね。

　＊ここまで読んできたところで，参加者から共感の発言。「〈やる気がないんだったら，帰れー！〉って先生が言って，本当に生徒が帰ったら焦ってしまう」ってパターンですよね（笑）。それで，帰ろうとした生徒に「なんで帰るんだー！」ってあべこべのことを言ったりね（笑）。

10. まず最初に〈ニコッとし合える関係〉を

　ところで，「生活指導」とかなんとか言う前に，人間ってまずはお互いに〈ニコッとし合える関係〉になれるといいなーと思います。お互いが，「おっ，コイツ，いい奴かも」「この先生，おもしろいかも」「この子，いいなー。たのしい子だなー」なんて思いあえたら，先のつきあいに希望がもてると思うのです。

　だから僕は，出会った早い時期から，子どもたちには「喜ん

でもらえそうなこと」を次々に提供することを心がけてきました。子どもたちが次々に問題を起こしちゃう前に（こちらがしかめっ面になる前に），お互いニコッとし合えることを次々にやっていきたいのです。

　学校で子どもたちに喜んでもらえるもので一番いいのは，授業です。そこで僕は，毎年，確実に子どもたちに歓迎してもらえる本格的な科学の授業＝仮説実験授業をやっているのです。

　そうすると，他の教師たちから，「へ～っ，あの子たち，先生の理科の授業には必ず出席しているんですってね。驚いちゃうわ」と感心されることがあります。ツッパリ君たちは，多くの教師には「教室にいてもすぐにあきて騒ぎ始めるはずだ」と思われているのです。中にはそっと，「あの子たちがいつも教室にいるなんて，苦労しますねー。大変ですねー」と同情してくれる正直な人もいます。

　そういえば，僕が20代のころ，こんなことがありました。

「校内暴力や授業妨害をおこす問題生徒をどうするか」ということで開かれた臨時職員会議の席で，僕は「あの生徒たちは僕の理科の授業ではとても元気ですよ」と発言したのです。すると司会をしていた生活指導主任に，「あー，そうですか。やっぱり教室中を動き回っていますか。それは大変ですね」と同情されたのです。このときも，「そうかー，〈元気〉という言葉も，そうとられちゃうのかー。彼らが授業で生き生きと躍動している姿などは，なかなか想像してもらえないものなんだー」と思ったのでした。

11. 子どもたちに明るい希望が持てる関係

　仮説実験授業をまったくやったことのない人に,「そこでどんなことが起こるか」ということを伝えるのは,とてもむずかしいことです。でも,実際に授業をしてみて,目の前の子どもたちが躍動する姿を見ることができたら,子どもたちとの関係に「希望」が持てるようになるでしょう。たとえば,「この子は自己中心的な生徒と聞いていたけど,友達の活躍を自分のことのように喜んでいるもんなー。本当は他人思いのいい子なんだよー」「へえ〜,こんなに授業に夢中になれる子が,〈無気力でだらしない生徒〉って担任に評価されているんだー。だいじょうぶだよ。この子は夢中になれるものに出会えさえすれば,バッチシさ」というようにね。

　こういう展望がもてれば,もし問題がおこったときにも,ちょっぴりゆとりがもてます。「あー,この子は授業でこんなに輝いているのに,どうして無茶をやっちゃうのかなー。はやく気づいてくれるといいのになー」なんて考えられると,「またオマエか！」「またやったのかっ！」なんて言わなくてもすみます。

　このように,子どもたちに明るい希望をもって接するのと,疑いや恐れの気持ちをもって接していくのとでは,明らかに大きな差が生じると思うのです。

　いや,そんな「先ゆき」の話ではなく,毎日,子どもたちに希望を持たないままで教師をつづけていくのって,やっぱり僕はさみしいのです。

12.「いては困る子」から「いないと困る子」へ

ツッパリ君たちが授業中ずっと教室にいたら,「じつは困る」と感じる人が,今ではたくさんいると思います。でも,一方で,〈できるだけ生徒を教室に入れる。教室から出さない〉という「生活指導」があります。規則を破っている生徒を見逃していてはシメシがつかないというのです。そこで,授業が空いている教師たちでもって校内をパトロールして,授業を抜け出してフラフラしているツッパリ君たちに「教室に入れ！」と注意するわけです。

僕は,廊下でツッパリ君たちに出会ってしまうと,「教室に入ろう！」と言う前に,チラッと二つのことが心配になります。

まず,「この生徒は教室で楽しい思いができるのだろうか(たのしい授業が行われているのだろうか)」ということ。そして,「この子が入ってきて,その先生は困らないだろうか」ということです。それによって,「生活指導」はとてもつらいものになったりするわけです。

でも,かつて石塚進さん（仮説実験授業研究会会員）と同僚だったころ,石塚さんの教室に入るようにツッパリ君たちに声をかけることは簡単でした。石塚さんは仮説実験授業をしていて,「そこに参加したら,どんな生徒でもきっと楽しくなれる」という確信がもてたからです。だから,「お〜い,仲間同士のおしゃべりもたのしいだろうけれど,あの先生の授業もいいよ。おしゃべりは後にして,授業をうけてきてみな」なんて,明るい感じで声をかけることができたのです。自分が仮説実験授業をやっているときも,授業を抜け出した生徒に,僕自身が「お

〜い，今度の僕の授業，たのしいかもしれないからさー，受けてくれないかなー」などと言って誘うことができるのです。

　仮説実験授業では，しばしばツッパリ君たちの意見が授業を盛り上げてくれたりするので，僕は教室に彼らがいなかったら，正直，がっかりすることがあります。

　「おーっ，藤井君，探したよ。みつかってよかったー。君がいないと，授業が盛り上がらなくて困っちゃうんだ。授業に出てくれないかなー。いっしょに教室に行こうよ」……こんなふうに言えるとき，僕はすごく気持ちいいのです。そして，そう言われた生徒の方もニコーッと笑顔になってくれます。

　このように，「生活指導」のありよう（イメージ）は，「どんな授業か」によって，ガラッと変わってしまうのです。

　僕は教師として，たとえ仮説実験授業の時だけだとしても，ツッパリ君を含んだ多くの子どもたちに，「夢中になれる時間，気持ちよくなれる時間」を体験してもらえるのは，とてもうれしいことです。子どもたちが，自分のすばらしさを発見したり，「学校」というものに希望をつなぐ気持ちになる——そのキッカケになると思うからです。

　さらに，授業でもってイイ思いをしたツッパリ君たちは，往々にしてそんな授業を提供してくれた教師に「恩義」のようなものを感じてくれるみたいです。「恩義」というより一種の連帯感なのかもしれません。授業以外の時にも，僕の話（時にはお説教）を割と素直に聞いてくれるし，フツーの退屈な授業のときだって，気を使って静かにしてくれたりするのです。あんまりおとなしかったりすると，僕の方が恐縮してしまいます。

（ここまで，主に，小原「僕の〈生活指導〉のイメージ」『たのしい〈生活指導〉』仮説社，12〜19ペ）

*

こうして振り返ってみると，授業以外でも僕は子どもたちにいろいろ助けられているんだなぁと思っています。それらがみんな「たのしい授業」とつながっているんですね。〈たのしい授業の波及効果〉ってことだと思います。

今回の4人の方（山路敏英さん，小川洋さん，佐竹重泰さん，伴野太一さん）のトラブル解決の報告もみんな，「たのしい授業」の存在が大きく影響していますね。みなさんが「たのしい授業」と子どもたちに助けられている。

だから僕は，学校の先生たちにはまずは〈たのしい授業＝子どもたちが喜ぶ授業〉をすることをオススメしたいのです。仮説実験授業は〈熱心な先生なら誰にでも本格的な科学の授業ができる〉ように作られていますから，やる気さえあればアナタもすぐにできます。

また，今回の4つの実践例には，仮説実験授業をまだやっていない方にも役立つように「トラブル解決のための考え方とその具体的方法」が報告されています。「考え方」が学べれば，たとえ今回の報告例と違ったトラブルを前にしても応用がききやすいはずなのです。そういう意味で，今回参加していただいたみなさんに少しはお役に立てたのではないか。もしそうだったなら，この会をやってよかったと思うことができます。今日はありがとうございました。

あとがきに代えて
私自身の追試報告

田辺守男

　この本は，なかなかよく出来ているなと自負しているのですが，いかがでしょうか。

　じつは，この本を編集している最中にも，私の学校で，まさに，「よくある学級のトラブル」が発生しました。中1のあるクラスで〈一人の子を多くの子たちが避けたりいじめたりしていた〉という事件です。

　その子の親御さんから校長先生に「いじめが解決するまで娘には登校させない！」という訴えがあったのですが，私はそのとき学年主任でもあり，「これは追試のチャンスだ！」とも感じました。

　たしかにその子のまわりでは，これみよがしに接触を避けるとか，小さな嫌がらせがなされている様子でした。しかし，やっている子たちは，担任などによる度々の注意にもかかわらず，その子の〈気になる行動〉を理由にあげて，自分たちの行動を正当化していました。まさに〈子どもなりの正義感〉のもとに結束していることが感じられたのです。

　私はすぐに学年の先生たちに集まってもらい，「いじめ解決会議」を開きました。そこでは，この本に書かれているような趣旨にそって，家庭訪問から，いじめられた側，いじめたと思われる側，そして，学級・学年全体の子どもたちへの対応につ

あとがきに代えて

いても提案しました（確認，了解，謝罪，「その後の関係」など，話し方，場所，タイミングについても）。もちろん，ベテランの先生からのアドバイスもうかがうようにしました。また，そうした経過は校長・教頭先生にも報告し，アドバイスも求めました。

そして5日目。休んでいた子は学校に来てくれました。その後は笑顔で通常のクラス生活をおくっています。その子の保護者からはお礼の電話が校長にあり，その後すぐにあった授業参観にもわざわざ校長にお礼を言いに来てくれました。

これは私には学年主任として初めての「いじめ事件」でしたが，「いじめ解決会議」をはじめ，先の変化を予測して，かなりテキパキと行動できたと思っていました。それだけに，短期間のうちに再び子どもたちの明るい顔を見ることができて，「予想どおり」の結果とはいえ，ともかくホッとし，うれしく思いました。

一連の対応と措置については校長からもほめていただけました。ただ，私としては「今回の研究会から学んだこと，そしてこの本をつくりながら学んだことが大きかったなあ」と思っているのです。

そして，「〈学んだことがすぐに役立つ〉というのは，教育現場にはめったにないことではないか」とも思いました。だからこそ，はじめに書いたように，「この本は，なかなかよく出来ているな」と自負しているのです。

そんなわけで，あなたの悩みについても，解決のヒントが見つかったのではないかと思います。直接的な解決策でなくとも，〈解決に向かう考え方〉を学びとっていただけたとしたら，と

てもうれしいことです。今度は，あなた自身の悩み解決報告をうかがいたいと思っています。

なお，「たのしい授業」の考え方や実例をもっと詳しく知りたいという方のためには，本文中に本の題名などを記したつもりです（「参考文献の行列」にはうんざりしますよね）。興味があったら，ぜひそちらもご覧ください。

　最後になりましたが，本書のもとになる研究会に参加してくださった方々に，お礼を申し上げます。

この研究会は「教師・新入門研究会」という組織で企画しました。

「仮説実験授業」は今までの科学教育とは全く違う新しい教育をつくり出してきました。科学の〈再入門〉ではなく，〈科学新入門教育〉としての「たのしい科学教育」を確立してきたのです。

そこで僕らは，仮説実験授業とその考え方から学んで，〈新しい教育観に基づいた新しい教師像〉を描けるようになりたいと考えて，様々な研究会を開いています。この会を「教師再入門の会」ではなく「教師・新入門研究会」としたのは，そういうわけです。これからも，多くの方がこの研究会の主催する会に参加してくださることを願っています。

ところで，山路敏英さん，小川 洋さんは当日のご自分の講演を文字化してくださいました。そのお陰で，かなり時間短縮できました。小原茂巳さんはじめ，各執筆者の知恵をたくさんいただきました。むろん，仮説社の竹内三郎さんには様々なアドバイスをいただきました。この場をお借りしてお礼を申し上げます。

よくある 学級のトラブル解決法

2011年8月10日　初版発行（2500部）

著者 ⓒ小原茂巳　山路敏英　伴野太一
　　　小川　洋　佐竹重泰　田辺守男

発行　株式会社 仮説社
169-0075 東京都新宿区高田馬場2-13-7
TEL.03-3204-1779　Fax. 03-3204-1781
E-mail（営業部）hanbai@kasetu.co.jp
　　　（編集部）tanoju@kaetu.co.jp
ホームページ　http://www.kasetu.co.jp/

装　丁　街屋（平野孝典）
イラスト　佐竹重泰

印刷／製本／用紙　株式会社シナノ

ISBN978-4-7735-0228-2　　Printed in Japan

＊無断転載はかたくお断りいたします。
　価格はカバーに表示してあります。
　ページの乱れ／脱落などの本は小社にてお取り替え
　いたします。送料着払いでお送りください。

＊価格は5％の税込みで表示しています

未来の先生たちへ
小原茂巳　　　　　　1890円

大人気，オバラシゲミの教職講座。「たのしく教師を続けるための基本」が気持ちよくカラダに入ってくる。

たのしい教師入門
小原茂巳　　　　　　1890円

ハッピー教師で生徒もハッピー。逆も真実なり。で，どうしたらいいの。はい，誰でもマネのできるこの授業。

授業を楽しむ子どもたち
小原茂巳　　　　　　2100円

ツッパリ君たちが大活躍する授業。いや，優等生も負けてはいないぞ。科学の授業でこんな人間ドラマが！

これがフツーの授業かな
山路敏英　　　　　　1995円

生活指導はヘタ。冗談も言えない。ノロマ。それでもできるこの授業。なぜかフツーでないことが起こる。

輝いて！
犬塚清和　　　　　　2100円

子ども派の教師とは？子どもを守れる教師とは？――若い教師たちへの熱いメッセージ。楽しく生きよう！

メグちゃんは授業する女の子
伊藤　恵　　　　　　1680円

アレもコレも，すぐまねしたくなる。可愛くて高級，爆笑して感動。〈先生〉のイメージを一変させる宝石箱。

未来の科学教育
板倉聖宣　　　　　　1680円

仮説実験授業の魅力を知った人の多くは本書が出発点。科学と教育にかける夢と希望が現実のものとなる。

仮説実験授業のABC
板倉聖宣　　　　　　1890円

その考え方，実際の方法，授業書の解説と入手法，目のさめる「評価論」。いつもそばに置きたい基本の一冊。

仮説実験授業の考え方
板倉聖宣　　　　　　2100円

「教育研究の専門家」の手から，〈教育〉と〈子ども〉を救い出し，教師が自信をもって生きるための道。

学級担任ハンドブック
「たの授」編集部　　　1995円

担任の仕事で欠かせないことって，なんだろう。多くの実践の中から子どもたちに人気のメニューを厳選。

たのしい「生活指導」
「たの授」編集部　　　1890円

万引き・給食・席替え・そうじ・いじめ…。押し付けをやめ，「本人が必要とすることを教える」事例多数。

月刊　たのしい授業
編集委員会代表　板倉聖宣　740円

授業はたのしくなければならない。しかし全ての授業をすぐにそうすることはできない。だから『たの授』。

Email　hanbai@kasetu.co.jp　　仮説社　HP　www.kasetu.co.jp